SUBSCRIBE 🔔

유튜브로
공부하는
한국어
고급표현

김광순 지음

박영사

머리말

　고급 문법은 초급 문법과 다르게 일상생활에서 활발하게 사용하지는 않는다. 그렇기 때문에 한국어 학습자들이 한국인과의 대화에서 고급 문형을 사용할 경우 어색하다는 지적을 받곤 한다. 하지만 이런 지적이 있다고 해서 고급 문법을 필요가 없는 어색한 표현으로 잘못 인식하면 안 된다. 자신의 의견을 전달하는 상황이나 격식을 갖춘 글쓰기가 필요한 상황 혹은 전문적인 한국어를 구사해야 하는 상황에서 가장 적절한 표현이 바로 고급에서 학습하는 어휘와 문형들이기 때문이다. 그런 이유로 고급 문법의 오류는 한국어 능력의 전문성과 직결될 수 있기에 정확한 사용이 무엇보다 중요하다.

　이 교재는 바로 이러한 내용을 가장 중요하게 고려하여 구성하였다. 즉 일상생활에서 높은 빈도로 사용되지 않더라도 특수한 상황에서 의미있는 빈도로 사용된다면 목표 문법의 자격을 갖춘 것으로 보았다. 또한 가장 정확하고 적절하게 사용할 수 있는 용법을 중심으로 예문을 구성하였다. 이에 다음과 같은 내용을 중심으로 이 교재를 학습한다면 가장 효과적인 학습이 가능할 것으로 기대한다.

　첫째, 고급 문법은 고급 어휘와 함께 사용할 때 가장 적절한 의미를 전달할 수 있다. 일부 학습자들은 초급에서 배운 내용과 유사할 경우 일상생활에서 사용되는 빈도가 낮은 고급 어휘의 학습을 중요하지 않게 여긴다. 하지만 고급 문법과 고급 어휘는 별개의 관계가 아님을 명심하고 다양한 고급 어휘를 학습할 수 있도록 지속적인 노력을 해야 할 것이다.

둘째, 고급 문법은 대화가 진행되는 다양한 상황 혹은 담화 단위의 글쓰기에서 활용이 적절한 표현이기에 문장의 단위로 봤을 때 어색한 내용이 많다. 이는 이 교재에서도 나타난다. 최대한 대화를 통해 문형의 이해와 활용을 도우려고 노력했으나 분량의 제한성과 대화에 사용되는 말소리를 담지 못하는 한계까지 더하여 나타나는 어색함은 교재의 어쩔 수 없는 한계라 여겨지며 이를 고려하여 넓은 단위의 맥락에서 문형을 학습할 수 있도록 노력해야 할 것이다.

셋째, 모든 한국인이 가장 자연스럽게 사용하는 표현은 초급에서 배운 문형과 어휘다. 반면 고급 문형은 일부 한국인들이 잘 모르거나 어색하게 여기는 경우가 존재할 수 있다. 이는 문법에 대한 적절성의 문제가 아니며 자주 사용하지 않는 문형에서 느껴지는 어색함일 뿐이다. 이를 불필요한 문형으로 오해하여 특정 문형을 학습 대상에서 제외해서는 안 된다.

넷째, 이 교재는 목표 문법의 활용에 초점을 둔 문제와 목표 질문을 중심으로 다양한 정답을 유도하는 문제로 구성되었다. 이때 전자의 경우 교재에서 제시한 정답과 큰 차이가 없다. 하지만 후자의 경우 매우 다양한 답이 나올 수 있기에 이에 대한 의문은 반드시 관련 문법의 QR코드로 이동하여 댓글을 통해 문의해야 할 것이다.

다섯째, 이 교재의 예문은 해당 문법이 가장 자연스럽고 적절하게 사용될 수 있는 내용을 중심으로 구성하였다. 이에 문법의 이해가 어려운 경우라면 제시된 예문의 암기를 우선적인 학습 방법으로 선택해도 된다. 장기 기억 속에 잘 저장된 다양한 문형은 새로운 문형의 생산에 필요한 재료가 될 수 있기에 문형의 암기는 효과적인 학습 방법이 될 수 있음을 명심해야 한다.

끝으로 교수자의 조력 없이 학습자 홀로 고급 문법을 학습할 경우 수많은 오류에 직면할 수 있음을 명심해야 한다. 특히 고급 문법은 조사나 어미의 실수만으로도 비문이 될 수 있고 의미가 완전히 달라질 수도 있다. 하지만 이를 인지하지 못한 학습자의 경우 홀로 성실히 잘못된 방법으로 한국어를 학습하여 의미가 없는 한국어 실력이 무한하게 축적될 수 있다는 점을 명심하고 유튜브를 통한 적극적인 질문과 소통을 멈추지 말아야 할 것이다.

외국인 학습자에게 한국어를 가르치는 일을 업으로 삼은 시간이 오래된 지금, 내가 사용하는 한국어가 보편성을 갖추고 있는지를 자주 의심하고 있다. 그런 탓에 다양한 매체를 통해 한국어에 노출될 수 있는 상황을 만들려고 노력하며 다양한 분야에 종사하는 사람들의 이야기에 귀를 기울인다. 그럼에도 혹시나 나의 주관적인 언어 습관에 빠져 잘못된 정보를 전달하지 않을까 하는 불안함에 항상 가족들을 귀찮게 하며 이 교재를 썼다. 특히 나의 설명을 듣고 옳고 그름을 판단해준 나의 아내 김주영, 나의 질문에 그리고 빈칸에 자신이 아는 만큼 답을 하는 노력을 보여준 첫째 아들 김온주, 그런 나의 설명과 질문 탓에 자신의 말할 순서를 놓치고 이를 기다려 준 둘째 아들 김온서의 도움으로 또 한 권의 책을 만들 수 있었음에 감사하단 말을 이곳을 통해 전하도록 한다.

차 례

01 | 거니와

1. 다음을 읽고 문장을 완성하시오.

① 저는 회사를 선택할 때 _____거니와 근무환경도 중요하다고 생각해요.

② 한국의 음식은 우리나라 음식과 비교하여 _____거니와 식사 문화도 많이 _____아요/어요/여요.

③ 새로 계약한 집은 교통도 _____거니와 월세도 _____아서/어서/여서 너무 마음에 들어요.

④ 이 핸드폰은 검색 _____거니와 디자인도 _____아서/어서/여서 많이 팔려요.

⑤ 그 사람과 나는 성격도 _____거니와 가정환경도 _____아서/어서/여서 헤어졌어요.

2. 다음 대화를 완성하시오.

① 영수: 넌 왜 그 후보를 지지해?

　　미선: 그 후보는 능력도 _____거니와 _____아서/어서/여서 그 후보를
　　　　　지지하게 됐어.

② 영수: 넌 왜 회사를 그만뒀어? 적성에 맞지 않았어?

　　미선: _____도 _____거니와 보수도 _____아서/어서/여서

　　　　　_____

③ 영수: 미선아, 넌 왜 아르바이트를 해? 돈 때문이야?

　　미선: _____도 _____거니와 _____아서/어서/여서 아르바이트
　　　　　를 해.

④ 영수: 미선 씨, 국가의 식사문화는 한국과 많이 다른가요?

　　미선: 네, _____도 _____거니와 대중문화도 _____

⑤ 영수: 미선 씨, 그 사람과 성격이 많이 달라요?

　　미선: 네, _____도 _____거니와 가정환경도 _____

⑥ 영수: 선생님, 한국어를 공부할 때 무엇이 가장 중요한가요?

　　선생님: 단어를 _____도_____거니와 배운 문법을 날마다
　　　　　_____도 중요합니다.

02 | 건대

1. 다음 문장을 보기와 같이 바꾸시오.

> **보기**
> 내가 정말 장담해! 그렇게 공부하면 너 절대 토픽에서 좋은 점수를 받을 수 없어!
> → 내가 장담하건대 그렇게 공부하면 절대 토픽에서 좋은 점수를 받을 수 없어.

① 나는 정말 확실하게 말을 할 수 있어! 너 그렇게 행동하면 절대 사람들이 너를 믿지 않을 거야!

:

② 나는 영수의 행동이 나쁜 결과를 가지고 올 것이라고 추측할 수 있어.

:

③ 나는 이번 올림픽에서 영수가 메달을 획득할 것이라고 예상을 해.

:

④ 내가 정말 분명하게 말을 할 수 있어! 그런 행동은 정말 무례한 행동이야.

:

⑤ 그렇게 행동을 한다면 너 주변 사람들이 모두 싫어할 거야! 난 자신 있게 말을 할 수 있어!

:

2. 다음 대화를 완성하시오.

① 영수: 미선아, 차홍이 이번 시험에 합격할 수 있을까?
   미선: 아니, 차홍 열심히 공부를 안 했잖아. 내가 ＿＿＿＿＿＿＿＿＿＿＿＿＿건대 ＿＿＿＿＿＿＿＿＿

② 영수: 선생님, 제가 꿈을 이룰 수 있을까요?
   선생님: 그럼요! 제가 ＿＿＿＿＿＿＿＿＿＿＿＿＿＿＿＿＿＿건대 열심히 노력하면 ＿＿＿＿＿＿＿＿＿

③ 영수: 교수님, 한국의 경제가 앞으로 어떻게 될 것 같아요?
   교수: 제가 감히 ＿＿＿＿＿＿＿건대 앞으로 한국의 경제는 더 좋아질 겁니다.

④ 영수: 교수님, 세계적인 경제 위기는 이제 곧 끝이 날까요?
   교수: 제가 추측해 ＿＿＿＿＿＿건대 아직 위기는 끝이 난 것이 아닙니다.

⑤ 영수: 미선아, 내가 정말 _____건대 다시는 그렇게 행동하지 마! 부탁이야.

　　미선: 그래, 알았어. 그렇지만 나도 정말 바라건대 너도 다시는 나를 의심하지 말아줘!

03 | 게끔

1. 다음 빈칸을 채워 문장을 완성하시오.

① 영수는 두 사람이 사과를 _____ 자리를 피했다.

② 부모님은 영수가 학업을 _____ 든든하게 지원을 하신다.

③ 영수는 시험을 _____ 열심히 노력하고 있다.

④ 선생님은 코로나에 걸린 학생들이 수업을 _____ 비대면 수업도 병행했다.

⑤ 회사의 새로운 프로젝트에서 좋은 _____ 사원들 모두 열심히 노력했다.

⑥ 너의 잘못된 행동을 반드시 _____ 만들 거야!

⑦ 우리 어학당은 학생들이 한국어로 대화를 _____ 교육을 진행하고 있어요.

⑧ 부모가 아이를 낳았으면 _____ 도와야 하는 것이 아니야?

⑨ 영수는 자신의 꿈을 _____ 기회를 달라고 교수님께 간청을 했다.

⑩ 교수님은 영수에게 다시는 수업 시간에 ＿＿＿＿＿＿＿ 일찍 나오라고 말을 하셨다.

2. 다음 대화를 완성하시오.

① 영수: 미선아, 너 요즘 왜 자꾸 학교에 지각을 해?

　　미선: 너무 피곤해서 그래… 나도 ＿＿＿＿＿＿＿ 알람을 맞추는데도 못 일어나.

② 영수: 미선아, 공부는 열심히 하고 있어?

　　미선: 그럼! 시험에서 ＿＿＿＿＿＿＿＿＿＿＿ 열심히 공부를 하고 있어.

③ 영수: 차홍, 벌써 시험공부를 시작한 거야?

　　차홍: 그럼, 공부할 시간이 부족해서 ＿＿＿＿＿＿＿ 미리미리 준비해야지!

④ 영수: 차홍, 넌 왜 날마다 메모를 그렇게 열심히 해?

　　차홍: 중요한 약속이나 내가 꼭 할 일은 ＿＿＿＿＿＿＿＿＿ 하기 위해서
　　　　메모를 해!

⑤ 영수: 이번에 새로 입사한 신입사원이 일을 너무 못해서 정말 힘들어.

　　미선: 너도 예전에 그랬어! 그 직원이 회사에 ＿＿＿＿＿＿＿ 기다려 줘!

⑥ 영수: 미선아, 다친 것은 어때? 너 다음 주 여행은 갈 수 있겠어?

　　미선: 그럼! 여행을 ＿＿＿＿＿＿＿＿＿ 꼭 나을 거니까 걱정하지 마!

04 | 겠거니 하다

1. 다음 빈칸을 채워 문장을 완성하시오.

① 나는 이번 시험이 _____ 공부를 안 했어.

② 요즘 계속 추워서 오늘도 당연히 _____ 옷을 얇게 입었어.

③ 영수가 날마다 늦게 오니까 오늘도 _____ 영수의 커피는 주문을 안 했어.

④ 영수와 미선이가 항상 같이 있으니까 _____ 영수에게 미선이의 안부를 물었다.

⑤ 난 사람들이 많이 가는 식당이니까 당연히 그 식당 음식이 _____.

⑥ 사람들이 많이 사용하는 핸드폰이니까 당연히 _____.

⑦ 주말이니까 당연히 _____ 회사에 급한 일이 생겨서 출근을 했어.

2. 다음 대화를 완성하시오.

① 남편: 여보, 나 배가 너무 고파. 밥 줘!

  부인: 오늘 회의를 했다면서? 나는 당연히 _____

② 아들: 아빠, 나 학원비 10만 원을 더 줘야 해요!

  아빠: 학원비가 그렇게 비싸? 나는 20만 원이면 학원을 _____

③ 남편: 가방이 그렇게 비싸? 난 100만 원이면 가방을 _____

  아내: 요즘 가방이 얼마나 비싼데…

④ 영수: 미선아, 너 왜 바지를 짧게 입고 왔어? 안 추워?

  미선: 요즘 날마다 따뜻해서 오늘도 당연히 _____. 너무 춥다.

⑤ 아내: 첫째 신발을 왜 파란색으로 산 거야? 싫어할 것 같은데…

  남편: 우리 아들이 파란색을 좋아하니까 신발도 _____.

05 | 겠냐마는

1. 다음 문장을 읽고 보기와 같이 한 문장으로 바꾸시오.

> **보기**
>
> 날씨가 맑으니까 비가 올 것 같지 않아요. 하지만 우산은 꼭 챙깁시다!
> → 날씨가 맑으니까 비가 오겠냐마는 우산은 꼭 챙깁시다.

① 영수가 술을 마셨으니까 운전을 하지 않을 것 같아요. 하지만 운전을 한다면 신고하세요!

:

② 영수가 기분이 나쁘다고 헤어지자고 말하지는 않겠지요. 하지만 헤어지자고 하면 먼저 사과는 하세요.

:

③ 나쁜 일이 생긴 것은 아닐 거예요. 하지만 혹시 모르니까 전화를 합시다!

:

④ 이번 시험이 어려워서 합격할 수 없을 것 같아요. 그렇지만 포기하지는 않을 거예요.

:

⑤ 요즘 싸고 깨끗한 집이 있을까요? 그래도 집을 구하기 위해 노력은 할게요.

:

2. 다음 대화를 완성하시오.

① 영수: 미선아, 지호가 교통사고를 당해서 크게 다쳤대…

　　미선: 이런 상황에서 _____ 지호의 문병을 가자!

② 영수: 미선아, 오늘 하루만 열심히 공부하면 내일 시험을 통과할 수 있을까?

　　미선: 하루를 공부한다고 _____ 그래도 포기하지 말고 최선을 다 해!

③ 영수: 미선아, 리에가 집에 나쁜 일이 생겨서 유학을 그만두고 고향으로 돌아간다고 해.

　　미선: 정말? 이런 상황에서 내가 _____ 리에에게 연락이라도

　　　　해야겠다.

④ 영수: 미선아, 리에가 남편과 이혼을 하기로 결심을 했대. 경제적으로 힘들었나 봐.

　　미선: 결혼에 사랑보다 _____ 그래도 경제력은 무시할 수 없으니까.

⑤ 영수: 미선아, 미안해. 내가 실수를 해서 너가 피해를 보게 됐구나.

　　미선: 솔직히 너무 기분이 나빠. 실수를 _____ 다른 사람에게 피해를

　　　　주면 어떻게 하니?

06 | 고사하고

1. 다음 빈칸을 채워 문장을 완성하시오.

① 영수는 회사에서 더 머물러 달라는 _____ 회사를 떠나기로 했다.

② 그 가수는 올림픽 유치를 위해 홍보 업무를 담당해 달라는 _____.

③ 우리 선생님은 교장 선생님의 _____ 학교를 그만두고 대형 학원으로 떠났다.

④ 우리 대학교 총장님은 여러 정당의 국회 진출 제안을 _____ 학교에 남았다.

⑤ 그 유명 아이돌은 유명 감독의 영화 _____

2, 다음 대화를 완성하시오.

① 영수: 미선아, 가게 운영은 잘 돼? 수입은 제법 괜찮지?

미선: 아니, _____ 월세도 못 내면서 지낸다.

② 영수: 미선아, 남편이 집안일은 잘 도와줘?

   미선: _____ 남편이 너무 바빠서 집에 들어올 시간도 없어.

③ 미선: 영수야, 학교 공부는 잘 돼?

   영수: 요즘 회사 때문에 너무 바빠서 _____ 수업도 못 듣고 있어.

④ 아나운서: 홍수로 피해를 입은 주민들에게 정부의 지원이 정말 없었단 말입니까?

      주민:

⑤ 아나운서: 노조갈등이 깊어지는 현 상황에 사측의 제안은 있었습니까?

   노조 대표:

⑥ 아나운서: 시골의 경우 임신한 여성이 다닐 작은 병원조차 없다는 말씀입니까?

      여성:

⑦   기자: 올해 전기료가 큰 폭으로 인상을 한 후 자영업자들은 에어컨도 못 틀고
            있습니다.

   아나운서:

07 과언이 아니다

1. 다음 빈칸을 채워 문장을 완성하시오.

① 그 가수는 세계에서 가장 노래를 _____

② 그 영화배우의 연기는 _____

③ 내가 다니는 회사의 복지는 우리나라에서 _____

④ 그 식당의 김치찌개는 _____

⑤ 그 화가의 그림은 현재 존재하는 화가들 중에서 가장 _____

⑥ 한국의 미래는 _____

⑦ 한국어를 학습할 때 단어의 정확한 암기가 _____

⑧ 그 가수의 목소리는 1,000년에 _____

⑨ 현재 한국에 불어 닥친 경제 위기는 지난 수십 년 동안의 위기들과 _____

_____

⑩ 그 후보의 절대적인 지지율은 투표를 한 달 앞둔 상황이지만 이미 _____

_____

2. 다음 대화를 완성하시오.

① 기자: 그 축구 선수는 현재 한국에서 가장 최고의 선수라고 생각합니다.
아나운서: 네, 맞습니다. 그 선수는 _____

② 영수: 이곳의 야경은 정말 최고네요!
　 미선: 네, 사람들에게 많이 알려진 곳은 아니지만 이곳의 야경은 한국에서

　 _____

③ 기자: 교수님, 건강한 삶을 위해 가장 필요한 조건은 무엇이라고 생각하십니까?
　 교수: 건강한 삶을 위해서 건강한 정신이 _____

④ 기자: 미래 사회의 한국의 가장 큰 위기는 무엇이라고 생각하십니까?
　 교수: 인구 감소와 관련된 문제가 _____

⑤ 기자: 교수님께서는 현재 한류의 문화가 세계의 어느 위치에 있다고 생각하십니까?
　 교수: 지금 한류는 정말 최고입니다. _____

08 | 그냥 - 겠거니 하다

1. 다음 빈칸을 채워 문장을 완성하시오.

① 영수의 전공이 한국어니까 한국말을 그냥 _____

② 내가 힘드니까 다른 사람도 _____

③ 영수가 어제 혼자 울고 있었어요. 요즘 스트레스를 많이 받는다고 했으니까 그냥
_____ 모른 척 했어요.

④ 한국 음식이니까 그냥 _____

⑤ 그 사람은 한국 사람이니까 성격이 _____

2. 다음 대화를 완성하시오.

① 영수: 엄마, 오늘 미선이가 급한 일이 생겼다고 약속을 취소했어요.

하지만 저는 급한 일이 생겼다고 말을 한 미선이를 믿을 수가 없어요.

엄마: 영수야, 친구를 의심하면 안 돼. _____ 믿으렴.

② 영수: 정말 공부하기 싫다. 너무 힘들어. 잠도 못 자고 공부만 하는 것은 정말 싫다. 미선아, 넌 힘들지 않아? 너는 투정도 안 부리고 항상 공부만 하는 것 같아.

미선: 나도 힘들어. 그렇다고 포기할 수는 없잖아. 다른 사람들도 모두 _____ 생각하고 그냥 하는 거야.

③ 영수: 미선아, 넌 회사에 원서를 왜 이렇게 많이 내? 모두 지원하고 싶었던 회사야?

미선: 아니야, 그냥 원서를 많이 내면 그 중에서 한 곳은 _____
_____

④ 영수 엄마: 미선 엄마, 미선 엄마는 미선이 공부를 안 시켜요? 요즘 아이들은 학원을 몇 개씩 다니잖아요. 그런데 미선이는 학원에 안 다니는 것 같아요.

미선 엄마: 학원에 다닌다고 공부를 못 할 아이가 잘 할 것 같지는 않아요. 그냥 놀고 싶은 나이니까 더 놀 수 있게 하는 거죠. 공부할 때가 되면 _____ 믿고 있어요.

⑤ 영수: 미선아, 넌 너의 미래가 걱정되지 않아? 한 번도 걱정하는 것을 본 적이 없어.

미선: 왜 걱정이 안 되겠니. 그런데 걱정을 해서 뭐 해. 그냥 노력을 하면 _____
_____ 열심히 노력만 하는 거지.

09 | 그로 인해

1. 다음 빈칸을 채워 문장을 완성하시오.

① 어젯밤 많은 눈이 내렸습니다. 그로 인해 고속도로에 _____

② 바이러스의 확산이 점점 심해지고 있습니다. 그로 인해 세계 경제도 _____

_____

③ 건강을 중요하게 생각하는 사람들이 많아지고 있습니다. 그로 인해 운동을 _____

_____

④ 어젯밤 갑자기 비가 내리다 보니 _____ 서울 전체의 교통이

_____

⑤ 물가가 갑작스럽게 상승하다 보니 _____ 서민들의 생활이

_____

⑥ 갑작스러운 출산율의 감소와 _____ 국가 경쟁력도

_____

⑦ 지구 온난화가 심해지다 보니 _____ 이상 기후 현상이

_____

⑧ 영수는 많은 잘못을 저질렀고 _____ 경찰의 수사를 _____

_____

⑨ 그 배우의 잘못된 선택으로 부정적인 여론이 생겼고 _____ 그 배우는

더는 활동을 하지 않고 보통의 일을 찾겠다며 _____

⑩ 1인 가구가 증가하다 보니 _____ 1인을 위한 상품의 판매량이

_____

⑪ 어젯밤 회사에서 큰 화재가 발생했고 _____ 재산의 큰 _____

⑫ 코로나의 세계적인 유행으로 몇 년 동안 해외여행은 불가능했고 _____

항공사들은 경제적인 어려움을 _____

⑬ 직원들의 희생으로 회사는 꾸준한 발전을 했고 _____ 드디어 우리 회사는

업계 1위를 _____

10 | 기 그지없다

1. 보기와 같이 문장을 완성하시오.

> **보기**
> 그 사람의 행동은 어리석다 / 그지없다
> : 그 사람의 행동은 어리석기 그지없다.

① 그 사람은 정말 무식하다 / 그지없다

➜

② 고혈압 환자가 술을 마시는 것은 위험하다 / 그지없는 행동이다.

➜

③ 그 사람의 인생은 불행하다 / 그지없었다.

➜

④ 어린 아이를 상대로 그런 행동을 한 교사는 나쁘다 / 그지없었다.

→

⑤ 모르는 사람의 집 앞에서 서성거리는 그 사람의 행동은 수상하다 / 그지없었다.

→

2. 다음을 읽고 보기와 같은 문장을 완성하시오.

보기

술을 마시고 사람을 다치게 한 그 범인의 행동은 너무 사악하다. 절대 용서할 수 없는 행동이다.

→ 술을 마시고 사람을 다치게 한 그 범인의 행동은 사악하기 그지없는 절대 용서할 수 없는 행동이다.

① CCTV가 없는 곳만을 찾아 사진을 찍는 남자의 행동이 너무 수상했다. 그래서 경찰은 그 남자를 계속 지켜봤고 범죄를 예방할 수 있었다.

→

② 지진으로 피해를 입은 사람들의 모습을 보니 너무 안타까웠다. 사고를 예방할 수 없었을까 하는 아쉬움도 많이 남았다.

→

③ 다 큰 어른이 자기와 생각이 다르다고 다른 사람을 뒤에서 험담하는 것은 정말 유치
하다.

→

④ 영화 시상식을 위해 드레스를 차려 입은 배우들의 모습은 정말 화려했다.

→

⑤ 그 배우의 연기는 아무리 영화라고 해도 너무 우아해서 눈을 뗄 수가 없었다.

→

11 | 기 나름이다

1. 다음 빈칸을 채워 문장을 완성하시오.

① 공부는 시간이 중요하지 않습니다. 그저 _____

② 성공은 결코 어렵지 않습니다. 할 수 있다고 _____

③ 나이와 관계없이 건강한 분들이 많은 것을 보면 건강은 _____

④ 영수는 적은 월급에도 불구하고 열심히 돈을 모아서 집을 샀다.

　역시 돈은 _____

⑤ 영수네 가족은 돈이 아주 많지만 행복하지 않다고 한다. 하지만 미선이네 가족은 큰
　부자는 아니지만 정말 행복하게 살고 있다. 역시 행복은 _____

2. 다음 대화를 완성하시오.

① 영수: 선생님, 제가 지금부터 공부를 해도 좋은 대학교에 합격할 수 있을까요?

　선생님: 그럼, 당연하지! 공부는 _____ 절대 포기하지 마!

② 영수: 미선아, 너희 어머니는 50대이신데 얼굴만 보면 20대인 것 같아.

　미선: 우리 엄마 엄청 관리해! 엄마를 보면 젊음은 ＿＿＿＿＿＿＿＿＿＿＿＿＿＿

③ 영수: 같은 초등학생인데 어떻게 두 아이의 행동이 저렇게 다를까요?

　미선: 아이는 부모의 거울이라는 말이 있어. 아이의 행동은 부모가 ＿＿＿＿＿＿＿

④ 영수: 사장님은 가난한 집에서 태어났다고 들었어요. 그런데 어떻게 큰 돈을 벌고 큰

　　　회사를 운영할 수 있게 됐어요?

　사장: 잘 살고 못 사는 것은 ＿＿＿＿＿＿＿＿＿＿＿＿＿＿ 포기하지 말고 노력을 하면

　　　누구나 잘 살 수 있을 거예요.

⑤ 영수: 미선아, 넌 하루에 두 시간만 공부를 한다면서 어떻게 항상 1등을 해?

　미선: 공부는 ＿＿＿＿＿＿＿＿＿＿＿＿＿. 많은 시간을 공부하는 것이 항상 중요한

　　　것은 아니라고 생각해.

12 │ 기가 무섭게

1. 다음 문장을 보기와 같이 바꾸시오.

보기

영수는 너무 피곤해서 침대에 눕자마자 잠이 들었다.
→ 영수는 너무 피곤해서 침대에 눕기가 무섭게 잠이 들었다.

① 영수는 급한 일이 있어서 수업이 끝나자마자 교실에서 나갔다.

→

② 영수는 미선이를 만나자마자 화를 냈다.

→

③ 새해부터 주식 거래가 시작되자마자 거래량이 증가했다.

→

④ 시간은 너무 빠르다. 올해도 새해가 되자마자 한 달이 지난 것 같다.

→

⑤ 요즘 이 디자인의 옷은 너무 유행이라 가게에 들어오자마자 팔린다.

→

2. 다음 대화를 완성하시오.

① 영수: 미선아, 어제 차홍을 봤어?

　　미선: 응, 같이 커피숍에 있었어. 그런데 무슨 일이 생겼는지 전화를 _____

② 영수: 미선아, 너 어제 차홍과 싸웠다면서?

　　미선: 어! 어제 차홍이 나를 _____ 화를 내더라.

③ 영수: 미선아, 너희 부모님은 결혼을 일찍 하셨구나?

　　미선: 응, 아버지가 취직을 _____ 어머니와 결혼을 하셨어.

④ 영수: 어제 백화점 앞에서 줄을 서서 기다리는 사람들이 많던데, 너도 봤어?

　　미선: 응, 그 사람들이 백화점 문이 _____. 정말 놀랐어.

⑤ 영수: 미선아, 어제 판매를 시작한 핸드폰에 대한 소식을 들었어?

　　미선: 응, 들었어. 너무 인기가 많아서 판매를 _____

13 | 기는커녕

1. 다음 빈칸을 채워 문장을 완성하시오.

① 우리 남편은 설거지는커녕 _____

② 요즘 너무 바빠서 아침은커녕 _____

③ 영수는 자기가 잘못을 했으면서도 사과는커녕 _____

④ 이 신발이 달릴 때 편하다고 해서 샀는데 달리기는커녕 _____

⑤ 그 학교가 말하기를 잘 가르친다고 해서 등록을 했는데 말하기는커녕 _____

2. 다음 대화를 완성하시오.

① 영수: 미선아, 이번 시험에서 90점 받았어?

　　미선:

② 영수: 미선아, 제주도 여행은 재미있었어?

　　미선:

③ 영수: 차홍, 그 사람에게 좋아한다고 고백은 했어?

　　차홍:

④ 영수: 미선아, 다이어트는 잘 돼?

　　미선:

⑤ 영수: 미선아, 아침은 먹고 다니는 거야?

　　미선:

14 기는 하니

1. 다음 빈칸을 채워 대화를 완성하시오.

① 영수 씨, _____ 왜 이렇게 성적이 나빠요?

② 영수야, _____ 사과하는 사람의 태도가 왜 그래?

③ 오늘 _____ 우산을 챙긴 보람도 없이 날씨는 맑잖아.

④ 너 정말 _____ 아프다는 사람이 술을 마시면 어떻게 해?

⑤ 영수야, 너 _____ 살을 뺀다는 사람이 왜 몸무게가 더 늘었어?

2. 다음 대화를 완성하시오.

① 영수: _____

미선: 그럼, 미안하다고 했잖아. 자꾸 나에게 화를 내지 마!

② 의사: 영수 씨, _____ 요즘 상태가 더 나빠졌어요.

영수: 그럼요 선생님! 저 술 끊었어요. 마시지 않아요. 믿어 주세요.

③ 선생님: 영수 씨, 정말 _____ 성적이 너무 나빠요.

영수: 그럼요, 선생님, 저 정말 많이 노력했어요. 성적이 나쁜 것은 어쩔 수가 없잖아요.

④ 엄마: 영수야, 너 내일 _____ 왜 아직도 안 들어오니?

영수: 그럼, 출근하지. 지금 가는 길이야. 빨리 갈게.

⑤ 영수: 너 정말 내일 _____ 공부를 한 것을 본 적이
없어.

미선: 그럼, 나도 내일 시험을 볼 거야. 공부는 하기 싫어도 시험은 볼 수 있잖아!

15 │ 기는요

1. 다음 빈칸을 채워 문장을 완성하시오.

① _____ 아무리 바빠도 데이트를 할 시간은 있어요.

② _____ 피곤해서 그렇게 보였나 봐요. 아프지 않아요.

③ _____ 내가 영수를 얼마나 좋아하는데요.

④ _____ 책을 읽으면서 기다리면 돼요. 천천히 오세요!

⑤ _____ 하숙집 아주머니가 항상 식사를 준비해 주세요. 걱정하지
   마세요.

2. 다음 대화를 완성하시오.

① 영수: 미선 씨, 요즘 공부하느라고 많이 힘들지요?
   미선:

② 영수: 미선 씨, 요즘 열심히 공부하는 것 같아요.

　　미선:

③ 영수: 미선 씨는 한국어를 정말 잘하는군요!

　　미선:

④ 영수: 미선 씨는 정말 친절한 것 같아요.

　　미선:

⑤ 영수: 미선 씨, 차홍은 성격이 참 좋은 것 같아요.

　　미선:

⑥ 영수: 미선 씨, 학생 식당의 음식이 싼 편인가요?

　　미선:

⑦ 영수: 미선 씨 반 선생님은 참 좋은 사람인 것 같아요.

　　미선:

⑧ 영수: 미선 씨, 나 요즘 너무 힘들어요. 유학을 포기하고 싶어요.

　　미선:

⑨ 영수: 미선 씨, 나는 정말 바보인 것 같아요.

　　미선:

⑩ 영수: 미선 씨, 늦어서 미안해요. 정말 죄송합니다.

　　미선:

16 | 기만 해!

1. 다음 빈칸을 채워 문장을 완성하시오.

① 영수 씨 또 근무시간에 _____ 그때는 해고입니다!

② 영수야, 또 술을 마시고 _____ 그때는 경찰에 신고할 거야!

③ 영수야, 나에게 두 번 다시 거짓말을 _____ 나 너 절대 안 볼 거야.

④ 너 학교에서 또 친구를 _____ 정말 혼나!

⑤ 교실에서 또 담배를 _____ 그때는 퇴학입니다.

2. 다음을 읽고 보기와 같이 문장을 완성하십시오.

보기

영수는 수업 시간에 핸드폰만 한다. 무엇을 하는지 모르겠지만 너무 재미있는지 큰 소리로 자꾸 웃으니까 교수님이 화가 나셨다.

교수: 영수 씨, 수업 시간에 또 핸드폰을 하면서 웃기만 해요! 그때는 수업에 들어오지 못하게 할 겁니다.

① 영수는 오늘 미선이와 저녁에 약속이 있었다. 그런데 아무런 연락을 하지 않고 약속 장소에 나오지 않았다. 미선이는 한참을 기다리다가 화가 나서 집에 갔고 영수에게 문 자를 보냈다.

미선:

② 영수는 술을 마시고 사람과 싸웠다. 다행히 합의를 봤지만 영수의 아버지는 아주 화가 나셨다.

아버지: 영수야,

③ 영수는 결혼을 했다. 그런데 어제 친구들과 술을 마시고 너무 취해서 아내에게 연락을 하지 않고 그냥 찜질방에서 자버렸다. 영수의 아내는 너무 화가 났다.

아내:

④ 영수는 고등학교 3학년이다. 그런데 공부는 안 하고 날마다 친구들과 논다. 엄마는 공 부는 안 하고 놀기만 하는 영수에게 너무 화가 났다. 그래서 영수에게 놀지 말라고 말 을 한다.

엄마:

⑤ 영수는 신입사원이다. 그런데 매일 회사에 늦게 온다. 영수는 집이 멀어서 늦는다면서 죄송하다고 사과를 했지만 부장님은 아주 화가 나셨다.

부장:

17 | 기에 따라

1. 다음 빈칸을 채워 문장을 완성하시오.

① 성적은 _____ 결과가 달라진다.

② 모든 일은 _____ 결과가 달라진다.

③ 내일 비가 _____ 휴교를 할지 말지를 결정합시다.

④ 초등학생은 _____ 수업 내용이 달라집니다.

⑤ 어학당은 _____ 배우는 한국어 어휘와 문법의 수준이 많이 달라요.

2. 다음 대화를 완성하시오.

① 영수: 미선아, 운동을 하면 살이 빠질까?

　　미선: 글쎄,

② 영수: 행복을 위해서 무엇이 가장 중요할까?

　미선:

③ 영수: 지금부터 노력을 하면 좋은 성적을 받을 수 있을까?

　미선: 그럼,

④ 기자: 선생님, 건강을 위한 운동은 몇 시간이 적당하다고 볼 수 있을까요?

　의사:

⑤ 기자: 회장님, 개인의 노력에 따라서 부자가 될 수 있다고 보십니까?

　회장: 물론입니다. ＿＿＿＿＿＿＿＿＿＿＿＿＿＿＿＿＿＿＿＿＿＿＿＿

18 | 기에 망정이지

1. 다음 빈칸을 채워 대화를 완성하시오.

① 오늘 지갑을 놓고 학교에 왔어요. 다행히 가방에 현금이 _____

그렇지 않았다면 밥도 먹지 못할 뻔했어요.

② 바이러스가 한창 유행할 때 엄마는 마스크를 미리 사뒀어요. 미세먼지 때문에 마스크

를 미리 사둔 것이에요. 그때 엄마가 _____ 그렇지 않았다면

마스크가 없어서 많이 고생을 했을 거예요.

③ 오늘 _____ 그렇지 않았으면 나도 그 버스를 타서

사고가 났을 거예요.

④ 교수님이 갑자기 시험 날짜를 바꾸셨어요. 그렇지만 저는 미리 공부를 했기 때문에 시

험을 잘 볼 수 있었어요. 미리 _____ 그렇지 않았으면 시험에서

F를 받을 뻔했어요.

⑤ 영수의 생일 파티를 위해서 식당을 지난주에 예약했어요. 일찍 예약을 문의했지만 식

당에 자리가 많지 않아서 예약을 못할 뻔했어요. 일찍 _____ 하마터면

식당을 예약하지 못할 뻔했어요.

2. 다음 대화를 완성하시오.

① 영수: 미선아, 시험은 어때? 잘 봤어? 오래전부터 시험을 준비했었잖아.

  미선: 너무 어려웠어. _____

② 영수: 미선아, 핸드폰을 잃어버렸다면서… 찾았어?

  미선: 어, 찾았어. 내가 핸드폰에 위치 추적 어플을 _____

③ 영수: 차홍, 대학 생활은 어때? 미선이와 같은 과지?

  차홍: 응, 우리 과에 _____ 미선이 없었으면 적응하기가 너무

  어려웠을 거야.

④ 미선: 영수야, 컴퓨터가 고장났다면서? 우리가 과제를 한 파일도 모두 지워진 거야?

  영수: 아니야, 다행히 숙제를 USB에 _____ 그렇지 않았으면

  _____

⑤ 미선: 영수야, 건강검진 결과가 나쁘다면서? 어떻게 된 거야?

  영수: 일찍 발견해서 큰 문제가 없대. 내가 건강 검진을 _____

  그렇지 않았으면 _____

19 | 긴, - 가 봐요

1. 다음 빈칸을 채워 문장을 완성하시오.

① 영수가 한국어를 _____ 공부를 한 적이 없는데 또 1등을 했네요.

② 이 식당의 음식이 _____ 이렇게 비싸고 친절하지 않은데 항상 손님이 많네요.

③ 영수가 _____ 학생이면서 고급 자동차를 타고 다니네요.

④ 영수가 _____ 축구며 농구며 배구까지 못하는 게 없네요.

⑤ 영수가 _____ 술을 마신 후 계속 잠만 자네요.

2. 다음 대화를 완성하시오.

① 영수: 저 드라마는 우리 아빠도 보더라.

　　미선: 우리 아빠도 저 드라마에 푹 빠져있어. 아버지들이 드라마를 보는 것을 보면

　　　_____

② 영수: 미선아, 차홍은 또 차를 바꿨더라.

　　미선: 나도 봤어. 학생인 차홍이 ＿＿＿＿＿＿＿＿＿＿＿＿＿＿＿＿＿＿으니까/니까

　　　　　차홍이 ＿＿＿＿＿＿＿＿＿＿＿＿＿＿＿＿＿＿＿＿＿＿＿＿＿＿＿

③ 영수: 그 회사는 경쟁률이 정말 높은 것 같아.

　　미선: 중소기업이면서 경쟁률이 ＿＿＿＿＿＿＿＿＿＿＿＿＿＿＿＿으니까/니까

　　　　　＿＿＿＿＿＿＿＿＿＿＿＿＿＿＿＿＿＿＿＿＿＿＿＿＿＿＿＿＿＿＿

④ 영수: 미선아, 차홍은 항상 검은색 옷만 입는 것 같지?

　　미선: 맞아, 여름에 날씨가 더운데도 ＿＿＿＿＿＿＿＿＿＿＿＿＿＿으니까/니까

　　　　　＿＿＿＿＿＿＿＿＿＿＿＿＿＿＿＿＿＿＿＿＿＿＿＿＿＿＿＿＿＿＿

⑤ 영수: 미선아, 너 오늘 또 병원에 다녀왔어?

　　미선: 응, 다녀왔어. 병원에 간 적이 없는 내가 ＿＿＿＿＿＿＿＿＿＿＿＿＿＿＿＿

⑥ 영수: 미선아, 마스크를 벗고 다니는 사람들이 많아지고 있다.

　　미선: 어, 나도 봤어. ＿＿＿＿＿＿＿＿＿＿＿＿＿＿＿＿＿＿＿＿＿＿＿＿＿＿＿

⑦ 영수: 요즘 한국의 출산율이 많이 떨어진 것 같아.

　　미선: 맞아. 문을 닫는 어린이 집이 많은 것을 보니까 ＿＿＿＿＿＿＿＿＿＿＿＿＿＿

20 | 나라고 왜 - 지 않겠어?

1. 다음 대화를 완성하시오.

① 영수: 미선아, 너 왜 아르바이트를 안 해? 돈도 없잖아!

　　미선: ＿＿＿＿＿＿＿＿＿＿＿＿＿＿＿ 공부 때문에 아르바이트를 할 시간이 없는데…

② 영수: 차홍, 너 왜 여자친구와 결혼을 안 해? 사귄 지 오래되었잖아.

　　차홍: ＿＿＿＿＿＿＿＿＿＿＿＿＿＿＿ 취업이 안 돼서 결혼하자고 말을 못하겠어.

③ 엄마: 영수야, 너 공부 안 하니? 시험 점수가 이게 뭐야?

　　영수: ＿＿＿＿＿＿＿＿＿＿＿＿＿＿＿＿＿ 공부를 해도 안되는 걸 어떻게 해.

④ 영수: 엄마, 건강을 좀 챙겨요. 건강검진 검사 결과가 나쁘잖아요.

　　엄마:

⑤ 엄마: 영수야, 일찍 좀 자라! 그러다가 병들겠어.

　　영수:

⑥ 영수: 미선아, 술을 좀 끊어! 그렇게 계속 마시면 큰 병에 걸리겠어.

미선: _____ 사회생활을 하다가 보면 술을 마셔야

하는데 어떻게 해.

⑦ 엄마: 미선아, 주말에 잠만 자지 말고 밖에 나가서 뭐라도 좀 해라!

미선: _____ 그런데 너무 피곤하다고요.

⑧ 선생님: 영수 씨, 왜 자꾸 결석해요? 이렇게 공부를 안 하다가 정말 F를 받겠어요.

영수:

21 날에는

1. 다음 빈칸을 채워 문장을 완성하시오.

① 너 또 나에게 나쁜 말을 _____

② 정말 약속을 할게! 내가 또다시 사람을 _____

③ 또 돈을 훔치는 _____

④ 술을 또 마시는 _____ 내가 성을 _____

⑤ 내가 또 F를 _____ 유학을 _____

2. 다음을 읽고 보기와 같이 문장을 완성하시오.

> **보기**
>
> 영수가 슈퍼에서 물건을 훔쳤다. 그걸 확인한 주인은 학교로 전화를 했고 CCTV를 보여 주면서 영수의 자백을 받았다. 주인은 이번이 처음이고 영수가 학생이니까 용서하겠다고 했다. 하지만 다음에 또 물건을 훔치면 경찰에 신고를 하겠다고 한다.
> 주인: 다시 우리 가게에서 물건을 훔치는 날에는 경찰에 신고를 하겠어요.

① 영수는 학교에서 사람을 때렸습니다. 이번이 처음이기 때문에 교수님은 영수를 용서하기로 했습니다. 하지만 한 번만 더 사람을 때리면 영수를 퇴학시키겠다고 말을 합니다.

교수:

② 영수는 건강이 아주 나쁩니다. 병원에서 진료를 한 의사 선생님은 술과 담배를 당장 끊지 않으면 죽을 수 있다고 합니다.

의사:

③ 영수는 음주운전을 했습니다. 다행히 다친 사람은 없지만 아내가 크게 화를 냈습니다. 영수는 잘못했다고 말을 하고 다시는 음주운전을 하지 않겠다고 맹세를 했습니다.

영수:

④ 이번 바이러스 때문에 사람들은 밖에 나가지 못하고 가게는 모두 문을 닫았습니다. 이 바이러스가 계속된다면 국가의 경제는 더 나빠질 수밖에 없을 겁니다.

전문가:

⑤ 영수가 다니는 회사는 회사원들의 인권을 무시하는 근로기준법을 작성했습니다. 그래서 노조와 갈등이 심했고 노조 위원장은 사장에게 계속 인권을 침해하는 행위를 한다면 법적인 책임을 묻겠다고 말했습니다.

노조 위원장:

22 | 너가 그러니까

1. 다음을 읽고 보기와 같이 문장을 완성하시오.

> **보기**
>
> 영수는 학교에서 잠만 잔다. 숙제도 안 하고 놀기만 한다. 내가 생각할 때는 그렇기 때문에 영수의 성적이 나쁜 것 같다.
> 미선: 너가 그러니까 성적이 나쁜 거야. 숙제를 좀 해!

① 영수는 포기를 너무 쉽게 합니다. 꿈을 이루기 위해서 열심히 노력을 한 적도 없습니다. 요즘도 영수는 회사 생활이 힘들다면서 회사를 그만두려고 합니다. 그래서 주변 사람들은 영수를 믿지 못하고 영수를 피하고 있습니다.

  미선: 영수야, 너가 그러니까 _____ 회사 사람들이 너를 피하는 거야.

② 영수의 담임 선생님은 수업 시간에 수업은 잘 안 하고 핸드폰만 본다. 그래서 영수의 반 학생들도 열심히 공부를 하지 않고 핸드폰만 하는 것 같다.

  동료 선생님:

③ 영수는 많이 뚱뚱하다. 날마다 누워있고 야식으로 치킨을 자주 먹는다.

　　엄마:

④ 영수는 과제 발표 준비를 하지 않고 점수는 받으려고 한다. 그래서 교수님이 영수에게
　　화를 크게 내셨다.

　　미선:

⑤ 그 식당은 맛이 없다. 그런데 친절하지도 않고 항상 손님들에게 불친절하다. 그렇기
　　때문에 그 식당의 손님은 항상 없는 것 같다.

　　영수:

23 | 너무하다

1. 다음 빈칸을 채워 문장을 완성하시오.

① 영수야, 소식 들었어? 선생님이 차홍에게 말하기 시험 F를 줬대. _____

② 영수가 여러 번 사과를 했는데도 사과를 받아주지 않는 것은 정말 _____ 행동
　 이야.

③ 영수와 미선이가 헤어졌대. 영수가 다른 여자친구를 사귀었다고 하더라.

　 _____

④ 이 커피숍은 커피가 한 잔에 3만 원이야. 정말 _____?

⑤ 나는 영수가 _____ 항상 약속 시간에 늦고 미안하다고 사과도 안 하잖아.

2. 다음 대화를 완성하시오.

① 영수: 미선아, 너 공부 안 하니? 점수가 왜 이렇게 나빠?

　 미선: 내가 얼마나 노력을 했는지 알면서 어떻게 이렇게 말을 해. _____

55

② 영수: 미선아, 돈 좀 아껴서 쓸 수 없어? 너는 정말 _____돈을
낭비하는 것 같아.

　미신: 내가 뭘 또 닝비를 하니? 그냥 필요한 깃민 사도 물가가 비싼 걸 어떻게 해.

③ 영수: 미선아, 차홍이 또 술을 마시고 운전을 했대.

　미선: 차홍이 또 음주운전을 했어? 차홍은 정말 _____

④ 영수: 미선아, 너 차홍과 싸웠다면서? 무슨 일이 있었어?

　미선: 자꾸 수업 시간에 나를 무시하잖아. 참으려고 노력을 했는데 오늘은 _____
_____ 참지 않고 화를 내 버렸어.

⑤ 영수: 나 어제도 윗집에 사는 사람들 때문에 잠을 못 잤어.

　미선: 또 밤에 음악을 크게 듣고 노래를 불렀어? 그 집은 정말 해도 _____

24 │ 노라면

1. 다음 빈칸을 채워 문장을 완성하시오.

① _____ 힘든 날도 있고 좋은 날도 있다.

② 나는 그 사람과 공원을 _____ 좋은 생각만 하게 된다.

③ 영수와 함께 _____ 정말 기분이 좋다.

④ 친구들과 대화를 하면서 즐겁게 _____ 아픈 것을 모르겠어.

⑤ 너와 함께 밥을 _____ 걱정이 사라지는 것 같아.

⑥ 너희들이 밥을 먹는 모습을 _____ 먹지 않아도 기분이 좋아져.

⑦ 이 노래를 _____ 천국에 온 기분이 들어요.

25 | 느니만 못하다

1. 다음 빈칸을 채워 대화를 완성하시오.

① 이 학원은 정말 못 가르치는 것 같아 내가 _____

② 이 식당 음식은 정말 별로야. 집에서 _____

③ 영수는 건강을 위해서 운동을 하다가 크게 다쳤다. 이렇게 다치는 것은 차라리

_____

④ 영수는 결혼 생활이 너무 불행하다면서 _____

⑤ 그런 사람이 부모지? 그런 부모는 _____

2. 다음 대화를 완성하시오.

① 영수: 미선아, 민수가 병원에서 치료를 받다가 병이 더 악화가 됐다고 해!

　　미선: 나도 들었어. 차라리 _____

② 영수: 자살을 하는 사람들은 경제적으로 생활이 많이 힘든 탓이겠지?

　　미선: 그런 것 같아. 그렇게 _____

③ 영수: 미선아, 그냥 회사를 그만두는 것은 어때? 그렇게 스트레스를 받으면서 다니는

　　　　　건 차라리 _____

　　미선: 나도 알아. 그렇지만 힘들게 들어간 회사니까 그만둘 용기가 없어.

④ 영수: 미선아, 영희가 남편한테 맞았다면서?

　　미선: 그러니까, 어떻게 그런 나쁜 사람이 있니? 그런 남편은 차라리 _____

　　　　　_____

⑤ 영수: 나 한 달 동안 날마다 10시간을 일하고 10만원 밖에 못 벌었어.

　　미선: 그런 곳에서 일을 왜 하는 거야? _____

26 ┃ 느라고

1. 다음 빈칸을 채워 문장을 완성하시오.

① 어제 늦은 시간까지 _____ 잠을 자지 못했어요.

② 어제 도서관에서 _____ 집에 늦게 갔어요.

③ 옷을 _____ 이번 달은 생활비가 많이 부족해요.

④ 영수는 편의점에서 _____ 항상 늦게 집에 가요.

⑤ 영수는 _____ 저녁은 항상 아무것도 먹지 않아요.

2. 다음 대화를 완성하시오.

① 영수: 미선아, 어머니는 요즘도 많이 바쁘시니?

　　미선: 어, 어머니는 대학교 등록금을 _____ 항상 일만 하셔.

② 영수: 미선아, 너 또 밤을 새운 거야?

　미선: 응, 시험 _____ 너무 바빠.

③ 영수: 미선아, 너 왜 늦게 왔어?

　미선: _____ 그래서 늦게 일어났어.

④ 영수: 미선아, 왜 늦었니? 버스를 놓쳤잖아.

　미선: 미안해, _____ 알람 소리를 못 들었어.

⑤ 영수: 미선아, 왜 아침도 안 먹고 학교에 왔어?

　미선: 아침에 학원에서 _____ 늦어서 아침을 못 먹었어.

27 | 는 한

1. 다음 빈칸을 채워 문장을 완성하시오.

① 열심히 _____ 대학교에 합격할 수 없을 거예요.

② 사람들의 이기심이 _____ 갈등은 해소될 수 없어요.

③ 그 회사는 아주 유명한 대학교를 _____ 취직하기 힘들 거예요.

④ 영수가 술을 끊지 않고 계속 _____ 건강을 되찾기 어려울 겁니다.

⑤ 일회용품 사용을 _____ 환경 파괴는 멈추지 않을 겁니다.

2. 다음 대화를 완성하시오.

① 기자: 교수님, 지구 온난화는 어떻게 극복할 수 있다고 보십니까?

   교수: 세계 모두의 노력이 중요합니다. _____ 온난화는
   막을 수 없을 겁니다.

② 기자: 교수님, 더욱 극심해지는 세대 갈등을 해소하는 방법이 있을까요?

　　교수: 당사자들의 생각이 ＿＿＿＿＿＿＿＿＿＿＿ 세대 갈등은 더 커질 겁니다.

③ 기자: 교수님, 갈수록 더해지는 고령화 현상을 막을 대책이 무엇이라고 생각합니까?

　　교수: 무엇보다 출산율이 ＿＿＿＿＿＿＿＿＿＿＿＿＿＿＿＿＿＿＿＿＿＿＿＿

④ 영수: 아버지, 결혼을 허락해 주세요.

　아버지: 아니, 절대 허락을 할 수 없어. 내가 ＿＿＿＿＿＿＿＿＿＿＿ 그 사람과의

　　　　　결혼은 허락할 수 없다.

⑤ 기자: 이번 올림픽에서 김민수 선수의 금메달이 확실하리라고 보십니까?

　전문가: 네, 특별한 ＿＿＿＿＿＿＿＿ 김민수 선수의 금메달은 확실할 것 같습니다.

28 | 다 못해[1]

1. 다음 빈칸을 채워 대화를 완성하시오.

① 우리 집이 너무 추워요. _____ 남극에 온 것 같아요.

② 오늘 너무 피곤해요. _____ 쓰러질 것 같아요.

③ 영수의 방은 너무 더러워요. _____ 쓰레기장에 온 것 같아요.

④ 이 식당의 음식은 너무 짜요. _____ 소태를 삼킨 기분이에요.

⑤ 요즘 물가가 너무 비싸요. _____ 아주 살벌해요.

2. 다음 대화를 완성하시오.

① 영수: 미선아, 너 그 바이러스에 걸린 후에 많이 아팠어?

미선: 어, 정말 아팠어. _____ 죽는 것 같았어.

② 영수: 미선아, 다리는 괜찮아? 아직도 아파?

　　미선: 어, 너무 아파. _____

③ 영수: 그 식당의 음식이 그렇게 매워?

　　미선: 어! 정말 매워! _____

④ 영수: 미선아, 더 먹어.

　　미선: 아니야, 너무 많이 먹었어. 배가 _____

⑤ 영수: 너 오늘 하루 종일 아무것도 못 먹었다면서?

　　미선: 어, 너무 배가 고파. 배가 _____

29 | 다 못해²

1. 다음 빈칸을 채워 대화를 완성하시오.

① 지금 너무 졸려요. _____

② 나 지금 너무 자고 싶어요. _____

③ 시험이 너무 어려워요. _____

④ 여기서 약속 장소까지 너무 먼데 왜 여기에서 내렸어요. _____
_____

⑤ 이 영화는 너무 지루해요. _____

⑥ 이 문제는 너무 쉬워요. _____

⑦ 우리 회사는 항상 먹을 음식이 많아요. _____

⑧ 이 원룸은 너무 작아요. _____

30 | 다가도

1. 다음 빈칸을 채워 대화를 완성하시오.

① 요즘은 날씨가 _____다가도 오후만 되면 갑자기 _____

② 아침에는 _____ 오후에는 더워서 윗옷을 벗고 다녀요.

③ 영수는 항상 _____ 화가 나면 무섭게 변해요.

④ 영수는 _____ 시험 날이 되면 아주 열심히 공부를 해요.

⑤ 그 사람의 마음은 _____

2. 다음 대화를 완성하시오.

① 영수: 미선아, 남자 친구와 사이는 좋아?

　　미선: 항상 좋는 것은 아니야. 남자친구가 _____ 화를 내면 너무 싫어.

② 영수: 미선아, 일이 힘들어도 포기하지 마!

　　미선: 응, 일이 힘들어서 ＿＿＿＿＿＿＿＿＿＿ 꿈을 생각하면 절대 포기하지
　　　　　못하겠어.

③ 영수: 미선아, 아이는 잘 커? 힘들지 않아?

　　미선: 힘들지 왜 안 힘들겠어. 그렇지만 ＿＿＿＿＿＿＿＿＿＿＿＿＿＿＿＿

④ 영수: 미선아, 요즘은 환절기니까 옷차림에 신경을 써야 돼.

　　미선: 맞아! 아침에는 ＿＿＿＿＿＿＿＿＿＿＿＿＿＿＿＿＿＿＿＿＿＿

⑤ 영수: 미선아, 오늘 소나기가 온다고 하니까 우산을 항상 챙겨!

　　미선: 응? 소나기가 뭐야?

　　영수: 소나기는 날씨가 ＿＿＿＿＿＿＿＿＿＿＿＿＿＿＿＿＿＿＿＿＿

31 ┃ 다고

1. 다음 빈칸을 채워 문장을 완성하시오.

① 똑똑하다고 모두 _____

② 돈이 많다고 모두 _____

③ 유학 생활이 힘들다니? 뭐가 _____ 포기를 해?

④ 뭐가 _____ 누워서 잠만 자는 거야?

⑤ 뭐가 _____ 옷을 그렇게 두껍게 입고 왔어?

2. 다음 대화를 완성하시오.

① 영수: 미선아, 너는 강남에 사니까 부자겠다.

　 미선:

② 영수: 너가 다니는 회사는 작은 중소기업이니까 복지가 좋은 편은 아니지?

　　미선:

③ 차홍: 넌 한국 사람이니까 매운 음식을 잘 먹지?

　　영수:

④ 영수: 넌 돈이 많으니까 항상 행복하겠다.

　　미선:

⑤ 영수: 선생님, 선생님이 왜 이런 것을 몰라요?

　　선생님:

32 | 다고 할 수 있습니다

1. 다음 대화를 완성하시오.

① 사회자: 회사의 성장 비결은 무엇이라고 생각하십니까?

  사장:

② 사회자: 요즘 서울에서 가장 인기 있는 관광지는 어디라고 생각합니까?

  전문가:

③ 사회자: 요즘 홍대가 인기가 많은 이유는 무엇이라고 생각합니까?

  전문가:

④ 영수: 미선 씨는 외국인들이 가장 좋아할 음식은 무엇이라고 생각합니까?

  미선:

⑤ 사회자: 선생님, 술은 건강에 무조건 해로운 겁니까?

  의사: 아니요, 항상 해로운 것은 아닙니다. _____

⑥ 사회자: 현대인의 장수 비결이 무엇이라고 생각하십니까?

  의사:

⑦ 사회자: 올 겨울 유난히 눈이 많이 내린 이유는 무엇일까요?

　　전문가:

⑧ 사회자: 한국 음악의 가장 큰 장점은 무엇이라고 생각하세요?

　　전문가:

⑨ 사회자: 앞으로 한국 경제의 전망은 어떻게 보십니까?

　　전문가:

⑩ 면접관: 우리 회사의 가장 큰 장점은 무엇이라고 생각합니까?

　　지원자:

33 │ 다는 점에서

1. 다음을 읽고 보기와 같이 문장을 만드시오.

> **보기**
>
> 그 영화는 한국의 근대사를 비판적인 관점으로 정리했다. 그 점은 이 영화의 가장 큰 가치라고 할 수 있다.
> → 그 영화는 한국의 근대사를 비판적인 관점으로 정리했다는 점에서 가장 큰 가치가 있다.

① 김미선 교수는 한국인 최초의 노벨 의학상 후보가 되었다. 한국에서 한 번도 노벨 의학상을 수상한 사람이 없기 때문에 국민들의 큰 관심을 모으고 있다.

➜

② 이 바이러스는 아직 완벽하게 완치할 수 있는 약이 존재하지 않기 때문에 모두가 조심할 수밖에 없다.

➜

③ 기자가 여배우의 사생활을 동의 없이 촬영했고 인터넷에 올렸다. 배우의 사생활은 존중받아야 한다. 그렇기 때문에 기자의 행동은 비난을 피할 수 없다.

→

④ 어젯밤 경찰이 시민에게 폭행을 가했다. 경찰은 근무 중 안전을 위해서 어쩔 수 없는 행동이라고 말을 했지만 힘이 없는 노인을 상대로 한 폭행이기에 큰 파문이 일고 있다.

→

⑤ 환경을 보호하는 재활용 기술을 서울의 한 중학생이 개발했다. 그 기술도 대단하지만 중학생이 기술을 개발했기에 많은 사람들이 관심을 집중하고 있다.

→

34 다름없다

1. 다음 빈칸을 채워 대화를 완성하시오.

① 영수는 가족과 _____

② 나는 공부를 하다가 잘 모르는 것이 있으면 영수에게 묻는다. 영수는 나에게

_____

③ 나는 우리 집에서 자는 것보다 영수의 집에서 자는 것이 너무 편하다.

영수의 집은 _____

④ 어제 내가 응원하는 축구팀은 1:0으로 경기에서 이겼다. 하지만 경기 내용이 너무

나빴고 운으로 이긴 것 같다. 우리 축구팀은 _____

⑤ 아버지는 출퇴근 시간에 차가 많이 밀린다고 하시면서 지하철을 이용하신다. 그래서

아버지의 차를 날마다 내가 타고 다닌다. 이 차는 요즘 _____

2. 다음 대화를 완성하시오.

① 영수: 너 숙제는 다 했어? 숙제가 많이있잖아.

　　미선: 이제 1장 남았어. 10분이면 끝나. 거의 _____

② 영수: 미선아, 너는 리에와 몇 년째 같이 살고 있어?

　　미선: 거의 15년이야. 이제 나에게 리에는 _____

③ 미선: 영수야, 너 여자 친구는 왜 한국에 안 와? 헤어진 것은 아니라면서…

　　영수: 코로나 때문에 한국에 못 들어오잖아. 못 만난 지 2년이 넘었어.

　　　　요즘은 연락도 잘 안 하고 _____

④ 영수: 미안하다고 사과를 했잖아. 정말 두 번 다시는 안 그럴게.

　　미선: 넌 전혀 진심이 없어. 그렇게 사과를 하는 것은 _____

⑤ 영수: 미선아, 이 물건이 너의 것도 아니면서 왜 자꾸 사용하는 거야?

　　미선: 차홍이 안 쓴대. 내가 사용한 지 1년이 넘었어.

　　　　이 정도면 거의 _____

35 | 다손 치더라도

1. 다음 빈칸을 채워 대화를 완성하시오.

① 아무리 _____ 수업시간에 자면 안 돼요.

② 아무리 _____ 선생님에게 욕을 하면 어떻게 합니까?

③ 그 사람이 _____ 예의가 없는 사람과는 함께 일을 할 수 없어요.

④ 아무리 _____ 사람이 늙어가는 것은 막을 수 없습니다.

⑤ 이번에는 내가 _____ 다음 과제는 어떻게 하려고 해? 난 다시는
   도와주고 싶지 않아.

2. 다음 대화를 완성하시오.

① 영수: 아르바이트를 2달만 하면 등록금을 벌 수 있을까?
   미선: 한국 대학교 등록금이 얼마나 비싼데… _____

   _____

② 사회자: 많은 전문가들이 모여서 회의를 한다면 바이러스를 예방할 수 있는 약을 완성

   할 수 있지 않을까요?

   전문가: 이 바이러스는 기존에 없던 전혀 새로운 유형의 바이러스입니다.

   아무리 많은 _____

③ 영수: 미안해, 어제 너무 아파서 밖에 나갈 힘이 없었어. 그래서 과제도 못 했어.

   미선:

④ 영수: 그 사람이 잘못을 했으니까 내가 때렸지. 그게 뭐가 문제야!

   미선:

⑤ 영수: 미선아, 그 사람 너무 불쌍하잖아. 그냥 도와주는 것이 어때?

   미선:

36 다시피

1. 다음 빈칸을 채워 대화를 완성하시오.

① 너도 _____ 다음 주 기말시험 때문에 너무 바빠.

② 뉴스를 통해서 _____ 요즘 한국 경제가 너무 안 좋아요.

③ 지난 주 수업에서 _____ 다음 주에 시험을 보겠습니다.

④ 이 표를 통해서 _____ 한국의 경제는 점점 좋아지고 있습니다.

⑤ 이 그래프에서 _____ 지구 온난화는 점점 심각해지고 있습니다.

2. 다음 대화를 완성하시오.

① 학생: 선생님, 한국의 출산율은 어떻게 변하고 있습니까?

　선생님: 이 사진을 통해 _____

② 학생: 선생님, 한국의 사계절 중에서 무슨 계절이 가장 아름답습니까?

  선생님: 준비한 사진이 _____ 한국의 가을은 참 아름답습니다.

③ 사회자: 선생님, 음주와 흡연이 건강에 나쁘다는 것은 사실인가요?

    의사: 네, 이 그래프를 통해서 _____

④ 학생: 교수님! 내일 수업은 휴강이 맞습니까?

    교수: 네, 학교 홈페이지 게시판에 _____

⑤ 사회자: 교수님, 한국의 문화 사업은 지난 10년 동안 많이 발전했다고 볼 수 있을까요?

    교수: 네, 물론입니다. 많은 보도 자료를 통해서 _____

    _____

37 | 다시피 하다

1. 다음 빈칸을 채워 문장을 완성하시오.

① 영수는 어제 밤을 거의 _____아서/어서/여서 피곤하다.

② 영수는 살을 빼기 위해서 밥을 _____으면서/면서 운동했어요.

③ 영수는 도서관에서 _____ 그 시험에 합격했어요.

④ 영수는 교통사고를 당해서 _____ 겨우 살아났어요.

⑤ 일하시는 부모님 대신 어렸을 때부터 제가 동생을 _____

⑥ 눈이 많이 내려서 자동차가 움직이지 못했다. 거의 _____

⑦ 시험공부를 안 해서 그냥 _____

⑧ 요즘 두 사람이 사이가 얼마나 나쁜지 _____

⑨ 요즘 영수는 집에도 가지 않고 우리 집에서 ＿＿＿＿＿＿＿＿＿＿＿＿＿＿＿＿＿

⑩ 이 건물은 우리 회사에서 거의 다 ＿＿＿＿＿＿＿＿＿＿＿＿＿＿＿＿＿＿＿＿

⑪ 영수는 기분이 나빴는지 술을 ＿＿＿＿＿＿＿＿＿＿＿＿＿＿＿＿＿ 마시고 있다.

⑫ 우리 회사의 잘못으로 협력사와의 관계가 ＿＿＿＿＿＿＿＿＿＿＿＿＿＿＿＿

⑬ 이 폐건물은 5년 동안 아무런 공사도 없이 ＿＿＿＿＿＿＿＿＿＿＿＿＿＿＿

⑭ 정부는 국어 발전에는 아무런 관심이 없다. 관련 정책은 거의 ＿＿＿＿＿＿＿＿

⑮ 우리 국가의 경제 성장률은 매우 낮다. 거의 몇 년째 ＿＿＿＿＿＿＿＿ 미동도
없다.

38 │ 답시고

1. 다음 빈칸을 채워 문장을 완성하시오.

① 영수는 요즘 도서관에서 _____ 날마다 집에 늦게 온다.

② 부장님은 직장 동료들과 _____ 날마다 회식을 하자고 합니다.

③ 대학을 졸업한 우리 딸은 _____ 학원에 가서 놀기만 해요.

④ 우리 남편은 _____ 집에 있는 돈을 모두 _____

⑤ 영수는 자기가 대학교 _____ 학생들을 무시합니다.

2. 다음을 읽고 보기와 같이 문장을 완성하시오.

보기

영수늘 반 모임에서 머은 음시은 지전 즙비하겠다며 히비 20만 읜을 가끼고 갔다. 하기만 음식은 전혀 만들지 않고 냉동식품만 사서 데우고 있다.

→ 영수는 직접 요리를 한답시고 냉동식품만 데우고 있어요.

① 제 동생은 의사입니다. 그래서 돈도 많고 주변 사람들에게 인기도 많습니다. 그렇지만 저와는 사이가 나쁩니다. 항상 자기가 의사라고 저를 무시하기 때문입니다.

:

② 미선이는 남자친구와 헤어졌습니다. 남자친구는 미선이를 사랑한다고 하면서 늘 미선이의 사생활을 간섭했기 때문입니다. 그래서 미선이는 남자친구와 헤어졌습니다.

:

③ 새로 이사를 한 집의 주인 아저씨는 나이가 많다고 영수에게 계속 반말을 했다. 영수는 참지 못하고 결국 화를 내 버렸다.

:

④ 요즘 영수는 공부를 한다고 말을 하면서 집에 오지 않고 친구 집에서 산다. 하지만 열심히 공부는 하지 않고 친구와 놀기만 했고 결국 시험 결과가 아주 나빴다.

:

⑤ 영수는 운동을 하기 위해서 헬스장에 등록을 했다. 그리고 운동복을 사고 운동화도 샀다. 하지만 헬스장을 등록한 후 며칠만 가다가 요즘은 거의 가지 않는다. 운동을 하겠다고 돈만 쓴 것이다.

:

39 | 더니

1. 다음 빈칸을 채워 문장을 완성하시오.

① 영수는 작년에는 열심히 _____ 요즘은 전혀 공부를 안 하는 것 같아요.

② 영수가 예전에는 _____ 지금은 살을 다 빼서 놀랐어요.

③ 이 식당의 음식이 예전에는 _____ 주인이 바뀌고는 맛이 하나도 없어요.

④ 박 교수님이 작년만 해도 _____ 요즘은 아픈 곳이 많다고 하세요.

⑤ 영수는 중학생 때는 전혀 _____ 고등학생이 되니까 열심히 공부를 하네요.

2. 다음 대화를 완성하시오.

① 영수: 미선아, 너 요즘은 라면을 안 먹니? 대학교 때는 라면을 자주 먹었잖아.

　　미선: 어, 그때는 라면이 _____ 더니

　　　　　요즘에는 _____

② 영수: 너 요즘 차홍과 자주 만나는 것 같아. 예전에는 차홍을 좋아하지 않았잖아?

　미선: 어, 그때는 차홍이 ＿＿＿＿＿＿＿＿＿＿＿＿＿＿＿＿＿＿＿＿＿ 더니

　　　　요즘에는 ＿＿＿＿＿＿＿＿＿＿＿＿＿＿＿＿＿＿＿＿＿＿＿＿

③ 영수: 미선아, 너 요즘 동아리 활동이 재미있어? 자주 나가는 것 같아.

　미선: 처음에는 정말 동아리에 ＿＿＿＿＿＿＿＿＿＿＿＿＿＿＿＿＿ 더니

　　　　요즘은 동아리에서 ＿＿＿＿＿＿＿＿＿＿＿＿＿＿＿＿＿＿＿＿

④ 영수: 미선아, 아들은 잘 커? 어렸을 때는 키가 많이 작았지?

　미선: 어, 우리 아들이 어렸을 때는 ＿＿＿＿＿＿＿＿＿ 중학생이 된 후부터

　　　　＿＿＿＿＿＿＿＿＿＿＿＿＿＿＿＿＿＿＿＿＿＿＿＿＿＿＿＿＿

⑤ 영수: 미선아, 너 요즘은 술을 자주 마시는 것 같아. 신입생 때는 술을 못 마셨지?

　미선: 그때는 술이 정말 ＿＿＿＿＿＿＿＿＿＿＿＿＿ 요즘은 술이 아주 달아.

40 | 더라도

1. 다음 빈칸을 채워 문장을 완성하시오.

① 영수는 아무리 아르바이트가 늦게 _____ 집에서 꼭 예습과 복습을 한다.

② 영수는 등산을 좋아하기 때문에 날씨가 _____ 항상 등산을 간다.

③ 그 회사가 아무리 월급을 _____ 분위기가 나빠서 가고 싶지 않다.

④ 나는 무슨 _____ 내가 해야 할 일은 꼭 한다.

⑤ 아무리 _____ 성격이 나쁜 사람과는 만나고 싶지 않아요.

2. 다음 대화를 완성하시오.

① 영수: 미선아, 차홍은 어때? 키도 크고 잘생겼잖아.

　　미선: 아무리 차홍이 _____ 성격이 나빠서 만나고 싶지 않아.

② 영수: 미선아, 왜 그 회사를 그만두려고 해? 월급을 많이 준다면서?

　　미선: 아무리 ＿＿＿＿＿＿＿＿＿＿＿＿＿＿ 그런 분위기에서 일을 할 수는 없어.

③ 영수: 미선아, 5번이나 불합격했으면 안 되는 거야. 그냥 포기하고 다른 일을 찾아.

　　미선: 아니, ＿＿＿＿＿＿＿＿＿＿＿＿ 나는 포기하지 않아. 끝까지 노력을 할 거야.

④ 영수: 내일 주말이라서 사람이 많을 테니까 그 식당에는 가지 말자.

　　미선: 싫어, ＿＿＿＿＿＿＿＿＿＿＿＿＿＿ 난 그 식당에서 꼭 밥을 먹고 말테야.

⑤ 영수: 교수님이 계속 화를 내실 것 같은데… 그냥 모른 척하는 것은 어때?

　　미선: 아니야, 내가 잘못을 했으니까 화를 내시는 것은 당연해.

　　　　　교수님이 ＿＿＿＿＿＿＿＿＿＿＿＿ 끝까지 잘못했다고 말씀을 드리고 싶어.

41 던들[1]

1. 다음 빈칸을 채워 문장을 완성하시오.

① 영수가 _____ 이런 일에 쓰러지지는 않았을 텐데…

② 고등학교 때 _____ 지금처럼 후회하지 않았을 거야.

③ 술을 마시고 _____ 사고를 내지 않았을 텐데…

④ 젊었을 때 건강 _____ 지금처럼 병원에서 사는 일은 없었을 거야.

⑤ 그때 포기하지 _____ 지금 꿈을 이루었을 거야.

2. 다음을 읽고 보기와 같이 문장을 완성하시오.

보기

영수는 어렸을 때부터 변호사가 되고 싶었다. 그래서 열심히 공부를 했다. 하지만 항상 시험에서 떨어졌고 시험공부를 하는 것이 힘들었던 영수는 변호사 시험을 포기하고 취업을 했다. 그렇게 5년의 세월이 흘렀지만 영수는 그때 변호사의 꿈을 포기한 것을 늘 후회하면서 살고 있다.

→ 그때 포기하지 않았던들 지금 쯤 변호사가 되었을지도 몰라요.

① 영수는 작년에 학교를 그만두고 취업을 했습니다. 그리고 회사에서 아내를 만났습니다. 영수는 학교를 그만둔 것을 후회하지 않습니다. 그때 학교를 그만두지 않았으면 지금의 아내를 만나서 결혼을 하지 못했을 겁니다.

:

② 영수는 젊었을 때 돈을 많이 벌었습니다. 하지만 낭비가 심해서 돈을 모으지 않고 쓰기 바빴습니다. 결국 영수는 퇴직을 한 지금 돈이 없어서 고생을 많이 하고 있습니다.

:

③ 오늘 갑자기 눈이 많이 내려서 출근길이 마비되었습니다. 영수는 어젯밤 뉴스에서 오늘 눈이 많이 내린다는 소식을 듣고 일찍 출발했습니다. 아마 그 뉴스를 듣지 못했으면 오늘 영수도 회사에 지각을 했을 겁니다.

:

④ 영수는 가난한 집에서 태어났습니다. 그래서 대학교에 다닐 때 아르바이트를 하면서 등록금을 마련했습니다. 영수는 가난한 집에서 태어나서 자신이 더욱 성공을 하지 못했다면서 가끔 화를 낼 때가 있습니다.

영수:

⑤ 영수는 담배를 피운 지 10년이 됐습니다. 작년 건강검진에서 의사 선생님은 영수에게
   담배를 끊을 것을 권유했습니다. 하지만 영수는 의사 선생님의 말을 듣지 않았고 그로
   인해 영수의 건강은 아주 나빠졌습니다.

영수:

42 | 던들²

1. 다음 빈칸을 채워 문장을 완성하시오.

① 너가 고등학교 때 아무리 _____ 그 대학교에 합격하지는 못 했을 거야.

② 자기소개서를 _____ 그 학점으로는 합격하기 힘들 것 같아.

③ 그런 성격에 아무리 _____ 다른 사람들이 좋아하지는 않았을 것 같아.

④ 군대에 일찍 _____ 다른 사람들 보다 일찍 취직하지는 못했을 것 같아.

⑤ 영수에게 아무리 비싼 선물을 _____ 영수의 화가 풀리지 않았을 것 같아.

2. 다음 대화를 완성하시오.

① 영수: 내가 어렸을 때부터 운동을 시작했으면 지금 유명한 운동선수가 되었을까?
   미선: 아니,

② 영수: 내가 오늘 열심히 공부하면 내일 시험을 잘 볼 수 있을까?

　　미선:

③ 영수: 우리가 돈이 더 있었다면 더 행복하게 살 수 있을까?

　　미선:

④ 영수: 내가 동생 대신 유학을 다녀왔으면 더 좋은 회사에서 취직을 할 수 있었을 텐
　　　　데…

　　미선: 영수야, 넌 동생보다 똑똑한 편은 아니잖아. _____

⑤ 영수: 월급을 아껴서 사용하면 2년 뒤에 서울에서 집을 살 수 있을까?

　　미선: 아니,

43 | 도 나름이지

1. 다음 빈칸을 채워 대화를 완성하시오.

① _____ 돈만 내면 입학하는 학교가 무슨 학교니?

② _____ 학생에게 욕을 하는 사람이 무슨 선생이니?

③ _____ 의료사고만 내는 사람이 무슨 의사니?

④ _____ 월급도 안 주고 일만 시키는 회사가 무슨 회사야?

⑤ _____ 얼굴을 못 본 지 4개월이 넘었는데 무슨 남자친구야?

2. 다음 대화를 완성하시오.

① 영수: 미선아, 너는 그래도 집이 있으니까 나처럼 힘들지는 않겠다.

　　미선:

② 영수: 미선아, 차홍이 산 자동차를 타 봤어? 나 정말 차홍이 부럽다.

　　미선:

③ 영수: 미선아, 차윤이가 가족과 왜 연락을 끊었대? 가족에게 그러면 안 되는 것 같
　　　　은데…

　　미선:

④ 영수: 미선아, 너 아버지와는 연락을 정말 끊은 거야? 그래도 너를 키워주신 아버지
　　　　잖아…

　　미선:

⑤ 영수: 미선아 너는 회사에 취직을 해서 다니고 있으니까 너무 좋겠다. 나는 너가 부
　　　　러워…

　　미선:

44 | 되

1. 다음 대화를 완성하시오.

① 영수: 여보, 나 술을 조금 더 마시고 들어가도 될까?

　미선: 응, 그렇게 해. 대신 _____ 절대 취해서 오면 안 돼!

② 영수: 종합 감기약만 먹으면 될 것 같아요. 한 통만 더 주세요.

　약사: 약을 드리기는 할 거예요. 하지만 감기가 심해서 약이 소용없을 것 같아요.

　　　약을 2일 치만 드세요. 그리고 _____

③ 영수: 아버지, 저는 경험을 쌓기 위해서라도 아르바이트를 계속하고 싶어요.

　아버지: 알았다. 그럼 _____

④ 영수: 아버지, 비록 저는 학생이지만 그 사람과 꼭 결혼을 하고 싶어요.

　아버지: 너는 아직 학생이야. 그래도 결혼을 하고 싶다면 결혼을 해라.

　　　하지만 _____

⑤ 영수: 선생님, 제가 시험 날짜를 바꾸고 싶어요. 시험 날 회사 면접시험이 있어서요.

　선생님: 좋아요, 시험 날짜를 바꿉시다. 하지만 _____

⑥ 영수: 선생님, 저 운동을 해도 될까요?

　　의사:

⑦ 영수: 박물관에서 이 작품을 만져도 될까요?

　　관장:

⑧ 영수: 그럼, 이 그림 사진을 찍어도 될까요?

　　관장:

⑨ 영수: 그럼, 박물관에 음료수를 가지고 들어갈 수 있습니까?

　　관장:

45 듯 싶다

1. 다음 빈칸을 채워 문장을 완성하시오.

① 영수가 키가 큰 것을 보면 영수의 동생도 _____

② 영수가 아직도 전화를 안 받는 것을 보면 아마 _____

③ 두 사람이 손을 잡고 가는 것을 보니까 _____

④ 시험이 끝나고 영수의 표정이 어두운 것을 보니까 _____

⑤ 이 그래프를 보면 한국의 고령화 문제는 점점 더 _____

2. 다음 대화를 완성하시오.

① 영수: 미선아, 너 차홍 동생과 대화를 해 봤어? 한국어를 정말 잘해.

　　미선: 어, 나도 깜짝 놀랐어. 대화만 들어보면 차홍 동생은 _____

② 영수: 미선아, 요즘 차홍이 주연이와 항상 같이 다니는 것 같지?

　　미선: 나도 봤어! 아마 _____

③ 영수: 이 회사는 직원들의 _____

　　미선: 응, 그 회사에 다니는 선배도 복지가 아주 좋다고 말을 했어.

④ 영수: _____

　　미선: 네, 나도 맵지 않은 음식은 맛이 없어서 잘 먹지 않아요.

⑤ 영수: _____

　　미선: 어, 이번 달만 해도 벌써 3번이나 반 모임을 했어.

46 | 라기보다는

1. 다음 빈칸을 채워 문장을 완성하시오.

① 영수는 저에게 _____ 가족 같은 사이입니다.

② 우리 집 강아지는 단순한 _____ 가족 같은 존재예요.

③ 영수와 _____ 의견이 달라서 관계가 멀어진 거예요.

④ 그 사람이 _____ 한국 문화를 잘 몰라서 벌어진 일이라고 생각해요.
　 결코 그 사람이 나쁜 사람은 아니에요.

⑤ 그 핸드폰이 _____ 요즘 물가가 모두 올라서 비싸게 느껴지는 거예요.

2. 다음을 읽고 보기와 같이 문장을 만드시오.

> **보기**
>
> 영수와 나는 어렸을 때부터 지금까지 친구로 지냈습니다. 날마다 만났고 같이 먹고 자는
> 날도 많았어요. 우리는 친구보다는 가족과 같은 사이입니다.
> : 영수는 친구라기보다는 거의 가족 같은 사이입니다.

① 영수는 이번 시험에서 또 1등을 했어요. 영수를 잘 모르는 사람들은 영수가 머리가 좋아서 항상 1등을 한다고 생각해요. 하지만 영수는 정말 열심히 노력을 합니다. 그 결과로 인해서 영수가 늘 1등을 한다고 저는 믿어요.

:

② 영수는 서울에 집을 샀어요. 사람들은 영수가 다니는 회사가 돈을 많이 주기 때문에 영수가 집을 샀다고 생각해요. 하지만 영수가 다니는 회사는 월급이 그렇게 많은 편은 아니에요. 하지만 영수는 누구보다 절약을 합니다. 그래서 영수는 집을 살 수 있었을 거예요.

:

③ 그 가수는 노래를 아주 잘하는 편은 아니다. 하지만 그 가수의 노래는 항상 듣고 있으면 눈물이 날 만큼 나에게 큰 감동을 준다. 그 이유는 아마 그 가수의 목소리가 좋기 때문이라고 생각한다.

:

④ 그 영화의 흥행은 주인공의 연기 때문이라고 많은 사람들이 말을 했다. 하지만 나의 생각은 조금 다르다. 주인공의 연기보다 배경음악과 영화의 전체적인 분위기가 더욱 영화를 집중할 수 있게 도와줬기 때문이다.

:

⑤ 이번 시험은 크게 어려운 편은 아니었다. 하지만 문제가 너무 많았고 문제를 풀 시간이 부족했기 때문에 점수가 나빠졌다고 생각한다.

:

47 | 마저

1. 다음 빈칸을 채워 문장을 완성하시오.

① 나는 우리 아들이 밥을 먹는 모습 _____

② 오늘 집에 먹을 음식이 전혀 없다. 그런데 음식을 살 _____

③ 오늘 너무 아파서 밥을 먹을 _____

④ 세상 모든 사람들이 나를 싫어한다. 이제는 가족 _____

⑤ 늦게 일어났는데 버스 _____ 학교에 지각을 했어요.

⑥ 중간시험 점수가 많이 나빴다. 그런데 _____ 아마
유급을 할 것 같다.

⑦ 어제 집에 보일러가 고장이 났다. 그런데 날씨 _____

⑧ 미선이는 술을 아주 좋아한다. 그런데 담배 _____ 건강이
_____

⑨ 내일부터 시험인데 오늘 면접시험 _____ 너무 바빠요.

⑩ 나는 아내가 화를 내는 모습 _____

⑪ 그 아이돌은 노래와 춤뿐만 아니라 _____

⑫ 그 배우는 연기뿐만 아니라 _____

⑬ 이 커피숍은 커피 맛뿐만 아니라 _____

⑭ 이 식당은 음식값이 너무 비싸다. 심지어 물 _____

⑮ 오늘 약속이 취소되어서 기분이 별로다. 그런데 날씨 _____

48 | 마찬가지다

1. 다음 대화를 완성하시오.

① 영수: 미선아, 너 시험을 잘 못 봤다면서? 차홍은 어때?

  미선: _____ 차홍 점수도 나쁜 것 같아.

② 영수: 나 말하기 점수가 너무 나빠. 교수님과 친하게 지냈으면 점수가 더 좋아졌을까?

  미선: 아니, 절대 그렇지 않아. 교수님과 친했어도 _____

③ 영수: 미선아, 자동차를 인터넷에서 사면 조금 싸게 살 수 있을까?

  미선: 너 새 자동차를 사려고 하잖아? 그럼 _____

④ 영수: 미선아, 어떤 브랜드의 자전거가 성능이 더 좋을까?

  미선: 너가 사려는 자전거는 100만 원 정도지? 그럼 _____

⑤ 영수: 미선아, 한 달 정도 열심히 운동을 하면 살이 빠질까?

  미선: 너는 음식 조절을 하지 않잖아. 음식 조절을 하지 않으면 _____

⑥ 영수: 나 회사를 그만둘까 생각하고 있어. 회사에서 인간관계가 너무 힘들어.

  미선: _____ 너가 회사를 바꾼다고 인간관계가 쉬워지는

    것은 아니야.

⑦ 영수: 내가 차홍이었으면 선배가 그렇게 화를 내지 않았을 거야. 내가 싫으니까 저렇게 화를 내는 것이 분명해.

　　미선:

⑧ 영수: 오후반에서 수업을 들었으면 나는 분명 합격을 할 수 있었을 거야.

　　미선:

⑨ 영수: 선생님에게 선물을 줬으면 추천서를 써 줬을 거야. 내가 빈손으로 가서 추천서를 안 써준 것이 틀림없어.

　　미선:

⑩ 영수: 내가 너무 떨어서 면접 시험을 잘 못 본 것이지 너처럼 안 떨었으면 나도 좋은 점수 받았을 거야!

　　미선:

49 │ 만도 못하다

1. 다음 빈칸을 채워 문장을 완성하시오.

① 사람을 저렇게 때리다니 저런 사람은 _____만도 못한 사람이야.

② 너의 그림 실력은 _____만도 못한 것 같아.

③ 어떻게 하고 싶은 것을 다 하려고 그래? 정말 너는 철이 없다. _____만도 못한
   것 같아.

④ 교수님 수업은 정말 최악이야. _____만도 못해.

⑤ 그 가수는 정말 노래를 못하는 것 같아. _____만도 노래를 못하잖아.

⑥ 영수는 한국에서 3년이나 살았는데 한국어 실력은 어학당 _____
   만도 못해.

⑦ 이 식당 음식은 정말 맛이 없어. 집에서 _____만도 못해.

⑧ 내가 발표를 하지 말았어야 했어. 이런 결과는 차라리 ＿＿＿＿＿＿＿＿＿＿＿＿

　　만도 못한 거야!

⑨ 그 영화를 돈을 내고 봤다니… 그냥 아무것도 ＿＿＿＿＿＿만도 못한 영화였어.

⑩ 너는 어떻게 형이 그렇게 행동을 해? 니 동생을 봐! 넌 정말 ＿＿＿＿만도 못해!

⑪ 사람에게 폭력을 행사하는 인간은 ＿＿＿＿＿＿＿＿＿＿＿＿＿＿＿＿＿＿＿＿

⑫ 명문대를 나온 학생이 보여준 그런 행동은 ＿＿＿＿＿＿＿＿＿＿＿＿＿＿＿＿＿

⑬ 꿈을 위해서 노력을 하다가 포기하는 것은 ＿＿＿＿＿＿＿＿＿＿＿＿＿＿＿＿＿

⑭ 약을 과다 복용하는 것은 ＿＿＿＿＿＿＿＿＿＿＿＿＿＿＿＿＿＿＿＿＿＿＿＿

⑮ 영수는 병원에서 치료를 받다가 병이 더 악화됐어. 오히려 ＿＿＿＿＿＿＿＿＿＿

50 | 못지않게

1. 다음 빈칸을 채워 문장을 완성하시오.

① 영수의 노래 실력은 _____ 훌륭하다.

② 우리 엄마의 요리 실력은 _____ 최고야.

③ 나는 _____ 한국어를 잘 한다고 자부할 수 있다.

④ 우리 회사는 비록 중소기업이지만 _____ 최고의 근무환경을 갖추고 있다.

⑤ 영수는 _____ 그림을 잘 그린다.

2. 다음 대화를 완성하시오.

① 사회자: 교수님의 의견은 현대 사회에서 아빠의 역할도 중요하다고 생각하시는 겁니까?

　　교수: 그렇습니다. 성공적인 육아를 위해서는 _____

② 사회자: 기업에 입사를 하기 위해 가장 우선되는 조건은 개인의 능력이 아닐까요?

　　경영인: 그렇지 않습니다. 현대 사회는 더불어 사는 사회이지요? 그렇기 때문에 개인

　　　　　　_____

③ 사회자: 현대 사회의 가장 큰 문제점은 환경문제라고 생각하는데 교수님의 의견은 어

　　　　　떠십니까?

　　교수님: 현대사회에서 _____ 인구문제도 _____

④ 사회자: 그렇다면 인구문제를 해결하기 위해서 개인의 희생이 필요하다고 생각하십

　　　　　니까?

　　교수님: 양육을 직접 담당하는 대상의 희생은 필요합니다. 하지만 _____

　　　　　국가의 정책도 _____

⑤ 영수: 나도 성적이 나쁘지 않아. 비록 1등은 차홍이었지만 항상 2등은 나였다고!

　　미선: 알아, 너도 _____

51 반면에

1. 다음 빈칸을 채워 문장을 완성하시오.

① 우리 회사의 복지는 _____ 월급은 많이 주는 편이다.

② 그 회사는 근무시간이 _____ 내가 다니는 회사는 _____

③ 작년 겨울에는 눈이 많이 _____ 올 겨울은 _____

④ 그 아이돌은 노래실력이 _____ 춤을 잘 추지 못하는 것 같다.

⑤ 그 영화는 배우들의 _____ 스토리가 나빠 집중이 안 된다.

2. 다음을 읽고 보기와 같이 문장을 완성하시오.

> **보기**
> 제주도에 또 다른 공항을 건설하려는 정부의 발표에 찬반의견이 다양하다. 찬성하는 측은 하나 밖에 없는 공항의 불편함을 해소할 수 있다는 입장이다. 하지만 반대하는 측은 공항을 건설하기 위해 또 많은 자연이 파괴되어야 하기에 제주도의 또 다른 공항의 건설을 반대하고 있다.
> : 제주도 공항의 건설을 찬성하는 측은 불편함을 해소할 수 있다고 하는 반면에 반대하는 측은 자연이 파괴될 수 있다는 이유로 공항 건설을 반대하고 있다.

① 한국의 노인 인구는 증가하고 있다. 하지만 출산율이 낮은 탓에 인구의 불균형이 점점 심화되고 있다.

:

② 현재 제주도는 관광사업이 지속적으로 발달하고 있다. 하지만 믿을 수 있는 숙박시설 이 부족한 탓에 제주도를 찾는 관광객의 불만이 점점 커지고 있다.

:

③ 그 교수는 자신의 연구의 장점만 부각하고 단점을 알리지 않았기 때문에 진실을 숨기 고 거짓을 진실처럼 제시했다는 비난을 받고 있다.

:

④ 현재 바이러스의 감염자 수가 급격하게 증가했다. 하지만 치료제 덕분에 사망자의 수 는 급격히 감소되고 있다.

:

⑤ 그 회사는 2년 연속 수익이 증가하여 흑자를 기록했다. 하지만 월급은 오르지 않고 업 무량은 증가한 탓에 직원들의 불만이 커지고 있다.

:

52 비롯하다

1. 다음 빈칸을 채워 문장을 완성하시오.

① 우리 반 학생들은 영수를 _____ 모두 열심히 공부를 한다.

② 그 식당은 김치찌개를 _____ 다 맛있다.

③ 한국은 _____ 부산, 강릉, 제주도 등 유명한 관광지가 많다.

④ 서울은 _____ 연세대학교, 고려대학교 등 명문대학교가 많다.

⑤ 이 회사는 _____ 텔레비전, 컴퓨터 등 다양한 _____

2. 다음을 읽고 보기와 같이 문장을 완성하시오.

> **보기**
>
> 이 식당은 김치찌개가 유명하다. 그렇지만 이 식당은 불고기, 잡채 등 다른 음식도 모두 맛있다.
> : 이 식당은 김치찌개를 비롯하여 불고기, 잡채 등이 모두 맛있다.

① 그 백화점은 한식집이 유명하다. 하지만 일식집, 중국식당 등 다양한 식당이 있어서 취향에 따라서 이용할 수 있어서 너무 편리하다.

:

② 그 영화감독은 공상과학 영화를 잘 만든다. 하지만 액션 영화, 멜로 영화도 잘 만들어서 그 감독의 영화는 믿고 볼 수 있다.

:

③ 그 축구 선수의 슛은 너무 훌륭하다. 또한 드리블, 패스도 너무 좋아서 감독들의 스카웃 대상 1순위라고 한다.

:

④ 우리 학과의 교수님들 중에서 김영수 교수님은 정말 유명한 학자이시다. 뿐만 아니라 김미선 교수님 홍차홍 교수님도 저명한 학자라서 너무 좋다.

:

⑤ 그 가수는 랩을 정말 잘한다. 그런데 발라드 노래도 잘하고 춤도 잘 춘다. 정말 완벽한 가수이다.

:

53 사뭇

1. 다음 빈칸을 채워 문장을 완성하시오.

① 나의 생각은 영수의 _____

② 오랜만에 만난 영수는 _____ 내 앞에 나타났다.

③ 영수의 분위기가 _____

④ 안경을 벗고 화장을 한 미선이의 모습이 _____

⑤ 영수가 그 옷을 입으니까 특별하지 않던 옷이 _____

54 | 생각 못했다

1. 다음 빈칸을 채워 대화를 완성하시오.

① 공부를 잘하는 영수가 시험에서 _____ 생각조차 못했다.

② 잘 다니던 회사를 영수가 갑자기 _____ 생각도 못했다.

③ 고속도로에서 갑자기 _____ 생각도 못했다.

④ 10년을 사귄 두 사람이 _____ 생각도 못했어.

⑤ 우리 반에서 한국어를 제일 못하던 영수가 대학교에서 _____ 생각도 못했어.

2. 다음을 읽고 보기와 같이 문장을 완성하시오.

> **보기**
>
> 영수는 어렸은 때부터 키가 가장 작았다. 고등학교 1학년 때만 해도 우리 반에서 영수가 제일 작고 약해서 내가 늘 영수를 지켜줬다. 그런데 2학년 때 전학을 갔고 대학교에 들어와서 2년 만에 만난 영수를 보고 너무 놀랐다. 영수의 키가 나보다 더 커졌기 때문이다.
> : 영수의 키가 이렇게 클 거라고 생각도 못했다.

① 영수는 한국 사람이고 차홍은 한국 사람이 아니다. 그래서 나는 한국 사람인 영수가 시험에서 더 좋은 점수를 받는 것을 당연하다고 생각했다. 그런데 막상 시험 결과를 보니까 차홍이 우리 반에서 1등을 했다.

:

② 영수와 미선이는 10년을 사귀었다. 두 사람은 늘 행복해 보였고 곧 결혼을 할 거라고 믿어 의심치 않았다. 그런데 어느 날 두 사람이 헤어졌고 영수는 외국으로 유학을 갔다는 소식을 들었다.

:

③ 오늘은 여행을 가는 날이다. 아침부터 날씨가 맑았고 뉴스에서도 오늘 비가 오지 않을 거라고 했다. 그래서 우리는 마음을 편하게 먹고 여행을 떠났다. 그런데 갑자기 비가 내려서 여행을 다 망쳐버렸다.

:

④ 영수는 술을 마시지 않고 담배도 피우지 않는다. 그리고 건강을 위한 노력도 지속적으로 했다. 그런데 얼마 전 회사에서 한 건강검진에서 영수의 건강에 이상이 있다고 했다.

:

⑤ 처음 이 바이러스가 시작되었을 때 몇 개월이면 끝날 거라고 생각했다. 하지만 이 바이러스는 3년 가까이 세계인의 생명을 위협했고 모든 사람들은 그동안 마스크를 착용하면서 지냈다.

:

55 │ 성싶다

1. 다음 빈칸을 채워 문장을 완성하시오.

① 오늘은 금요일이니까 차가 많이 _____

② 나는 운동을 꾸준히 했으니까 운동을 하지 않은 젊은이들 보다는 체력이 _____

_____

③ 영수가 잘못을 했으니 먼저 _____ 무리는 아닐 성싶다.

④ 하늘이 흐린 것을 보니까 곧 _____

⑤ 영수가 화가 난 표정을 보니까 무슨 일이 곧 _____

⑥ 영수와 미선이의 표정을 보니까 두 사람이 곧 _____

⑦ 환율이 계속 올라가는 것을 보니까 경제 위기가 또 _____

⑧ 두 사람이 함께 하는 것보다 더 좋은 _____

⑨ 차가 막히지 않는 것을 보니까 생각보다 일찍 목적지에 _____

56 │ 셈치고

1. 다음 빈칸을 채워 문장을 완성하시오.

① 영수의 할아버지는 아주 부자입니다. 하지만 영수는 _____
스스로의 힘으로 살 수 있도록 열심히 노력하고 있습니다.

② 미선이는 언니와 사이가 아주 나쁩니다. 연락을 하지 않은 지 벌써 10년이 지났습니
다. 이제 미선이는 언니를 _____ 살기로 마음을 먹었다고 합니다.

③ 영수는 차홍에게 돈을 빌려줄 때 못 _____ 편안한 마음으로
빌려줬다고 합니다.

④ 영수는 미선이에게 마지막으로 한 번 _____ 자신을 믿어 달라고
말을 했습니다.

⑤ 선생님은 영수가 준 선물이 너무 비싸서 받을 수가 없습니다. 한국에는 김영란법이 있
기 때문입니다. 그래서 선생님은 이 선물은 _____ 그냥 돌려보냈다
고 합니다.

2. 다음 대화를 완성하시오.

① 영수: 미선아, 너 그 큰 돈을 또 차홍에게 빌려주는 거야? 지난번에 빌려준 돈도 받지
　　　　　못했잖아.

　　미선: 아니야, 그 돈 없어도 돼. 난 그 돈을 ＿＿＿＿＿＿＿＿＿＿＿＿＿＿ 차홍에게
　　　　　빌려주는 거야. 괜찮아.

② 영수: 미선아, 너 또 남자친구를 만나려고 하는 거야? 그 사람을 믿을 수 있어?

　　미선: 그냥 ＿＿＿＿＿＿＿＿＿＿＿＿＿＿＿＿＿＿＿＿＿＿＿＿＿＿＿＿

③ 영수: 미선아, 너 또 차홍 숙제를 도와주는 거야? 너 시험 때문에 시간도 없잖아.

　　미선: 차홍에게 설명을 해 주면서 나도 ＿＿＿＿＿＿＿＿＿＿＿＿＿＿＿＿＿

④ 영수: 집에서 한 시간쯤 되는 거리를 날마다 걸어서 다니는 거야?

　　미선: 응, ＿＿＿＿＿＿＿＿＿＿＿＿＿＿＿＿＿＿＿＿＿＿＿＿＿＿＿＿＿

⑤ 영수: 미선아, 그 아르바이트는 시급도 적은데 왜 자꾸 하려고 해?

　　미선: 시급은 적어도 배울 것이 많아. 그냥 ＿＿＿＿＿＿＿＿＿＿＿＿＿＿＿＿

57 | 아/어/여 내다

1. 다음 빈칸을 채워 문장을 완성하시오.

① 그 경찰은 오랜 노력 끝에 10년 만에 범인을 _____

② 영수는 끊임없이 노력을 했고 결국 장학금을 _____

③ 김 교수는 오랜 노력 끝에 바이러스 치료약을 _____

④ 영수는 긴 시간 동안 고통을 _____ 드디어 완치가 됐다.

⑤ 엄마는 홀로 우리 4남매를 _____

⑥ 아무리 어려운 일이 있어도 포기하지 않고 _____ 성공할 수 있다.

⑦ 많은 사람의 비난도 참고 _____ 정신력이 필요하다.

⑧ 미선이는 가난 집에서 태어났다. 그렇지만 모든 _____ 큰 성공을 거뒀다.

⑨ 아무리 화가 나도 _____ 아무것도 할 수 없다고 선생님께서 말씀하셨다.

⑩ 우리 선조들은 오랜 세월 외세의 침략에도 우리 땅을 _____

⑪ 영수는 큰 _____ 병원 치료를 받고 퇴원했다.

⑫ 서비스업에 종사하는 영수는 가끔 무례한 고객의 _____ 일을 할 때 가장 힘들다고 한다.

⑬ 사랑하는 사람과 헤어진 영수는 _____ 살고 있다.

⑭ 사회에서 성공을 하려면 힘들 일도 어려운 일도 모두 _____

⑮ 우리 아버지는 가장으로서 세상의 무게를 _____ 우리를 키우셨다.

58 | 아/어/여봤자[1]

1. 다음 빈칸을 채워 대화를 완성하시오.

① 공부하는 것을 싫어하는 영수가 도서관에 _____ 얼마나 공부를 하겠니?

② 학생 식당은 비싼 음식을 판매하는 곳이 아니야, 학생 식당이 _____

③ 영수는 운동을 좋아하지 않아. 영수가 _____

④ 한국의 여름이 _____ 우리 고향의 여름보다 덥지는 않을 거야.

⑤ 1급 시험이 _____ 얼마나 _____ 배운 내용도 별로
   없으니까 너무 걱정하지 마.

59 | 아/어/여봤자²

1. 다음 대화를 완성하시오.

① 영수: 미선아, 차홍이 정말 부잣집 아들이라고 하던데 너 알고 있었어?

　　미선:

② 영수: 미선아, 새로 오신 선생님이 정말 유명하다고 하던데 너 알고 있었어?

　　미선:

③ 영수: 차홍의 동생이 정말 예쁘더라.

　　미선:

④ 영수: 어제 차홍 친구를 만났는데 그 사람이 한국 음식을 정말 잘 만든다고 해.

　　미선:

⑤ 영수: 차홍의 친구가 한국어를 배운 지 1년이 지났는데 한국어를 정말 잘한대.
　　　　우리 시험 준비를 도와 달라고 하는 것은 어떨까?

　　미선:

60 | 아/어/여 치우다

1. 다음 빈칸을 채워 문장을 완성하시오.

① 영수가 냉장고에 있는 음식을 모두 _____

② 엄마가 내 책상 위에 있던 서류를 모두 _____

③ 몇 년 동안 한 번도 입지 않은 옷들을 중고 시장에 모두 _____

④ 핸드폰이 자꾸 고장이 나서 그냥 _____

⑤ 아르바이트가 너무 힘들고 과제도 많고 해서 그냥 _____

2. 다음을 읽고 보기와 같이 문장을 완성하시오.

> **보기**
> 냉장고에 음식이 많아서 버려야 한다. 하지만 영수는 음식을 버리는 것을 아주 싫어한다. 그래서 주말 동안 영수는 냉장고에 있는 음식을 친구들과 함께 모두 먹어 버렸다.
> → 영수가 냉장고에 있는 음식을 먹어 치웠다.

① 영수의 집에 입지 않는 오래된 옷이 많다. 집에 보관을 하기에는 옷이 너무 많아졌고 집도 정리가 되지 않아서 영수는 입지 않는 옷을 중고 사이트에 팔았다.

　：

② 영수의 가게에서 일을 하는 아르바이트생은 자꾸 근무 시간에 늦고 핸드폰만 보다가 실수를 많이 한다. 게다가 친절하지도 않아서 영수는 더는 그 아르바이트생과 함께 일을 할 수 없다고 판단해서 해고했다.

　：

③ 영수는 회사에서 일을 하는 것이 너무 힘들다. 월급도 적고 일은 많고 게다가 사람들이 영수에게 나쁜 말을 너무 많이 한다. 영수는 더는 회사에 다니고 싶은 마음이 없어졌다. 그래서 회사를 그만뒀다.

　：

④ 영수는 동생 영희가 날마다 술만 마시고 공부도 안하는 것에 화가 났다. 어제도 영희는 시험 기간인데 공부를 하지 않고 친구들과 놀다가 집에 늦게 왔다. 영희의 등록금을 마련하기 위해 열심히 일을 하시는 어머니가 자꾸 생각이 나서 영수는 영희에게 화를 내면서 학교를 그만두라고 했다.

　：

61 | 안되다

1. 다음 빈칸을 채워 문장을 완성하시오.

① 영수는 사업이 잘 _____ 걱정이 많다.

② 취업 준비생인 영수는 _____ 스트레스를 많이 받는다.

③ 영수는 유학을 가려고 한다. 하지만 유학 _____ 너무 힘들다.

④ 영수의 비자 만료는 다음 주 월요일까지이다. 그래서 비자를 연장하려고 한다. 그런데
   학교 출석 일수 때문에 _____ 영수는 걱정이 크다.

⑤ 영수는 농부다. 하지만 올해는 비가 많이 와서 _____

2. 다음을 읽고 보기와 같이 문장을 만드시오.

> **보기**
> 영수는 취업을 준비하고 있다. 그런데 요즘 경제가 불황이라서 영수가 원하는 조건을 맞춰
> 주는 회사가 없다. 그래서 요즘 영수는 취업이 어렵다. 그래서 요즘 영수는 너무 힘들다.
> : 영수는 취업이 잘 안 돼서 힘들다.

① 영수는 미선이와 헤어진 이후 너무 힘들어 한다. 요즘은 밥도 잘 안 먹고 날마다 울어서 얼굴도 참 나빠 보인다.

:

② 영수는 고 3인 딸이 잘 쉬지도 못하고 공부만 하는 것 같아서 마음이 참 안 좋다.

:

③ 영수의 회사에서 준비하고 있던 사업이 코로나로 인해 실패를 했다.

:

④ 영수는 대학 입시를 오랫동안 준비를 했다. 하지만 열심히 준비했던 것과는 다르게 결과가 나빠서 영수가 원하는 대학에 입학을 하지 못하게 됐다.

:

⑤ 영수는 시험에서 떨어지고 비자 연장도 안 돼서 고향에 돌아가야 한다. 친구들은 그런 영수를 보면서 마음이 안 좋다.

:

62 야

1. 다음 빈칸을 채워 대화를 완성하시오.

① 영수: 미선아, 오랜만이야, 잘 지내지?

　미선: 그럼, _____ 항상 잘 지내지.

② 영수: 미선아, 시험이 많이 어려웠어. 차홍은 잘 봤대?

　미선: _____ 열심히 공부를 하니까 이번에도 잘 봤을 거야.

③ 영수: 미선아, 무슨 일이 있어? 표정이 어두운 것 같아. 선생님이 뭐라고 했어?

　미선: 아니, _____

④ 영수: 차홍, 부모님은 잘 지내시지?

　차홍: 그럼, _____

⑤ 영수: 미선아, 늦게 가도 돼? 부모님이 뭐라고 하지 않아?

　미선: 괜찮아. 우리 _____

⑥ 영수: 나는 시험이 별로 어렵지 않던데, 좋은 점수를 받았을 것 같아.

　미선: 하긴, _____

⑦ 영수: 미선아, 집에 혼자 가도 돼? 늦은 시간이라 위험할 것 같아.

　　미선: _____ 우리 집은 여기 바로 앞이야.

⑧ 영수: 미선아, 아픈 곳은 없어?

　　미선: _____

⑨ 영수: 미선아, 이 식당 음식이 어땠니? 맛있어?

　　미선: 그럼, _____ 나는 무슨 음식이든지 한식이면

　　　　맛있게 먹는 사람이잖아.

⑩ 영수: 미선아, 김 교수님 수업은 어때? 수업 내용은 괜찮아?

　　미선:

63 │ 어쨌든

1. 다음 빈칸을 채워 대화를 완성하시오.

① 영수: 미선아, 나 시험을 못 봤어. 기분이 너무 나빠.

　 미선: 다 끝났어, 신경 쓰지 마! ＿＿＿＿＿＿＿ 우리 배고프니까 밥이나 먹으러

　　　　 가자.

② 영수: 나, 차홍하고 싸워서 만나고 싶지 않아.

　 미선: 그렇다고 발표 준비를 안 할 거야? ＿＿＿＿＿＿＿＿＿＿ 다음 주에

　　　　 발표가 있으니까 참고 만나자!

③ 영수: 미선아, 그 회사는 일이 많고 퇴근 시간도 불규칙한데 왜 입사를 희망하는 사람

　　　　 들이 이렇게 많은 거야?

　 미선: 그 회사가 일은 많아도 ＿＿＿＿＿＿＿＿＿＿＿＿＿＿＿＿＿

④ 영수: 김 선생님 수업은 너무 어려워. 듣고 싶지 않아.

　 미선: 아무리 김 선생님 수업이 어려워도 시험 점수는 ＿＿＿＿＿＿＿＿

　　　　 ＿＿＿＿＿＿＿＿＿＿＿＿＿＿＿＿＿＿＿＿＿＿＿＿＿＿＿

⑤ 영수: 사장님 미선 씨가 사회성이 부족해서 동료들과 사이가 나쁜데 계속 회사에 남길
　　생각이십니까?

　사장: 미선 씨의 사회생활이 _____

2. 다음을 읽고 보기와 같이 문장을 완성하시오.

보기

미선이는 동료들과 많이 싸운다. 자기의 의견을 항상 주장하고 자신의 잘못을 인정하지
도 않는다. 그래도 동료들과 사이가 많이 나쁘다. 그렇지만 미선이의 업무 능력은 회사
에서 최고다. 그래서 아무도 미선이에게 뭐라고 말을 하지 않는다.
: 미선이와 동료들과의 사이가 어쨌든 업무 능력이 최고이기 때문에 아무도 미선이에게
　말을 하지 않는다.

① 요즘 현대인들은 술이 건강에 나쁘다면서 마시지 않는다. 담배도 피우지 않는다. 영수
　와 회사 동료들도 건강을 위해서 술을 끊고 지냈다. 하지만 오늘 회사에서 준비하던
　사업이 크게 성공을 했고 동료들은 기분이 너무 좋았다. 술이 건강에 나쁘다는 소리가
　있지만 오늘은 그냥 마시고 싶었다.

:

② 영수는 요즘 아르바이트를 그만둬서 돈이 없다. 그래서 요즘 영수는 밥을 먹지 않고
　라면만 먹으면서 지낸다. 미선이는 그 사실을 알게 됐고 영수에게 그렇게 하면 건강이
　나빠질 수 없으니 라면을 먹지 말라고 조언을 했다.

:

131

③ 영수는 시험 결과가 나쁘면 학교에 오지 않으려고 한다. 이 말을 들은 미선이는 학생
   이 시험결과가 나쁘다고 학교에 안 오는 것은 안 된다고 말을 한다. 시험은 시험이고
   학교에 와서 수업을 듣는 것은 다른 문제이기 때문이다.

   :

④ 요즘 날씨가 춥다. 그래서 영수는 운동도 안 하고 계속 집에만 있었다. 하지만 미선이
   의 생각은 다르다. 아무리 날씨가 추워도 집에만 있으면 사람이 게을러지기 때문이다.
   그래서 미선이는 영수에게 날씨가 추워도 밖에 나가서 운동을 하자고 말을 했다.

   :

⑤ 영수는 시험 점수가 너무 나빴다. 그래서 우울하고 아무것도 하기 싫다고 미선이에게
   말을 했다. 이 말을 들은 미선이는 시험 결과가 나빠도 잊어버리고 다시 열심히 공부
   를 하라고 말을 한다.

   :

⑥ 영수는 요즘 회사 생활이 너무 힘들다. 운동도 못하고 친구들을 만나지도 못하고 지낸
   다. 그래서 영수는 요즘 스트레스가 많고 회사를 그만두고 싶다. 이 말을 들은 미선이
   는 그래도 참고 일을 해야 한다고 말을 한다. 어른이 놀면서 살 수는 없기 때문이다.

   :

⑦ 반 친구들이 영수에게 오늘 학교에 오지 않고 꽃놀이를 가자고 했다. 날씨가 좋고 공
   부도 하고 싶지 않기 때문이다. 영수도 꽃놀이를 가고 싶다. 그렇지만 영수는 그냥 수
   업을 듣겠다고 한다. 곧 시험이 있어서 수업이 중요하기 때문이다.

   :

64 │ 어찌나 - 지

1. 다음 빈칸을 채워 문장을 완성하시오.

① 미선이가 요즘 _____ 잠도 안 자고 공부만 해요.

② 미선이가 노래를 _____ 마치 가수 같아요.

③ 어제 배가 _____ 음식을 보자마자 다 먹어 치웠어요.

④ 그 식당이 _____ 한 달 전에 예약을 해야 갈 수 있어요.

⑤ 이번 시험이 _____ 합격을 받은 사람이 한 명도 없었어요.

2. 다음 빈칸을 채워 대화를 완성하시오.

① 영수: 미선아, 요즘 너의 고향은 날씨가 어때? 많이 더워?

　　미선: 어, 우리 고향은 너무 더워. 날씨가 _____

② 영수: 미선아, 어제 강릉에 눈이 많이 내렸다면서? 정말이야?

　 미선:

③ 영수: 미선아, 어제 새로 산 핸드폰은 어때? 속도가 빨라?

　 미선: 응,

④ 영수: 미선아, 감기에 걸렸을 때 많이 아팠니?

　 미선: 어,

⑤ 영수: 미선 씨, 그 식당의 음식이 그렇게 맵다면서요?

　 미선: 네,

65 | 에 비추어

1. 다음 빈칸을 채워 글을 완성하시오.

① 영수는 미선이와 오래 사귀었다. 요즘 영수는 반지를 사려고 한다. 그리고 큰 집을 구하려고 한다. _____으면/면 두 사람은 곧 결혼을 할 것 같다.

② 영수는 회사에서 일을 한 지 10년이 지났다. 그 동안 영수는 아주 열심히 일을 했다. 그런데 영수는 요즘 회사 일을 열심히 하지 않고 있다.
회사에서 일을 하는 _____으면/면 영수는 요즘 회사에 큰 불만을 가지고 있는 것 같다.

③ 한국인들은 커피를 아주 많이 마신다. 그래서 한국에는 커피숍이 아주 많다. 집에서 커피를 내려서 마시는 사람들이 증가해서 커피 머신의 인기도 많고 원두커피에 관한 관심도 많이 증가했다. 이처럼 커피를 자주 마시는 _____ 앞으로도 한국의 커피 사업은 크게 성공할 것으로 생각된다.

④ 의사인 영수의 _____ 음주와 흡연은 건강에 매우 나쁘다고 할 수 있다.

⑤ 지구의 환경은 지속적으로 나빠지고 있다. 많은 전문가들이 지구 환경에 대해서 토론을 했고 이들의 _____ 환경 문제는 앞으로도 쉽게 해결될 것 같지 않다고 한다.

2. 다음 대화를 완성하시오.

① 사회자: 선생님, 김민수 감독의 새로운 영화에서도 액션 장면이 많을까요?

평론가: 그동안 김민수 감독의 _____

이번 영화에도 액션 장면이 많을 것으로 예상됩니다.

② 민수: 선생님 이 병은 수술을 받으면 완치가 가능한가요?

의사: 아니요, _____ 완치가 될 가능성이 매우 낮습니다.

③ 사회자: 기자님, 유명 가수 김영수 씨에 대한 소문이 진실이라고 생각하십니까? 아니면 근거가 없는 거짓이라고 생각하십니까?

기자: 지금까지 김영수 씨의 _____

근거 없는 소문은 아니라고 생각합니다.

④ 사회자: 앞으로 세대 갈등과 관련된 문제는 해소가 될 것으로 예측하십니까?

전문가: 아니요, _____

_____

⑤ 사회자: 환자들의 질병의 원인은 무엇이라고 생각하십니까?

전문가: _____은/는 유전적인 영향이

가장 큰 것으로 볼 수 있습니다.

66 | 에 찌들다

1. 다음 빈칸을 채워 문장을 완성하시오.

① 회사원인 영수는 _____

② 대학생인 영수는 요즘 교수님이 내신 _____아서/어서/여서 살고 있다.

③ 영수는 밥을 먹을 돈도 없을 만큼 _____아서/어서/여서 살고 있다.

④ 요즘 세상의 사람들은 서로를 믿지 못하는 _____아/어/여 있다.

⑤ 비흡연자인 영수는 요즘 흡연자들 사이에서 _____아/어/여 살고 있다.

2. 다음 글을 읽고 보기와 같이 새로운 문장을 만드시오.

> **보기**
> 영수는 너무 아프다. 치료를 위해서 약을 너무 많이 먹는다. 약을 먹는 것이 힘들지만 병을 치료하기 위해서는 어쩔 수 없다. 하지만 약을 먹는 것이 너무 힘들다.
> : 영수는 요즘 약에 찌들어 살고 있다.

① 영수는 요즘 회사에서 회식이 너무 많다. 회식 때마다 술을 마셔야 하는데 술을 잘 못
   마시는 영수는 술 때문에 너무 힘들어 한다.

   :

② 영수는 인간관계가 너무 힘들다. 주변 사람들에게 인사를 하고 주변 사람들이 원하는
   말을 해 주고 주변 사람들의 마음을 다치지 않게 항상 배려해야 한다. 그런 이유로 영
   수는 요즘 사회생활이 너무 힘들다고 한다.

   :

③ 영수의 집은 청소를 하지 않아서 먼지가 너무 많다. 옷도, 가구도, 전자제품까지 먼지
   가 여기저기 가득 쌓여있다.

   :

④ 영수는 학교 때문에 스트레스가 너무 많다. 시험, 숙제, 친구들과의 문제 그리고 등록
   금까지, 받는 스트레스가 너무 많아서 힘들어 한다.

   :

⑤ 영수는 등록금을 낼 돈이 없다. 월세를 낼 돈은 물론이고 옷을 사 입을 돈도 없어서
   너무 힘들어 한다.

   :

67 | 에다가 - 까지

1. 다음 빈칸을 채워 문장을 완성하시오.

① 그 아이돌은 _____ 에다가 _____ 까지 못하는 게 없어요.

② 그 배우는 _____ 에다가 _____ 까지 모두 가지고 태어났어요.

③ 이 식당은 _____ 에다가 _____ 까지 모두 훌륭해요.

④ 새로 출시한 핸드폰은 _____ 에다가 _____ 까지 최고예요.

⑤ 영수는 _____ 에다가 _____ 까지 못 먹는 음식이 없어요.

⑥ 그 영화는 배우들의 _____ 에다가 배경 _____ 까지 모두 완벽해요.

⑦ 우리 하숙집은 _____ 에다가 _____ 까지 너무 불편해요.

⑧ 우리 선생님은 _____ 에다가 _____ 까지 모든 질문을 친절하세 답해주세요.

⑨ 우리 회사는 _____ 에다가 _____ 까지 완벽한 근무 조건을 갖추고
  있어요.

⑩ 그 커피숍은 _____ 에다가 _____ 까지 너무 훌륭해서 손님들이
  항상 많아요.

⑪ 그 자동차는 _____에다가 _____ 까지_____. 그래서
  판매량이 급증하고 있어요.

⑫ 교수님의 수업은 _____에다가 _____ 까지 _____. 그래서
  항상 인기가 많아요.

⑬ 새로 이사한 집은 _____에다가 _____ 까지 _____. 그래서
  너무 좋아요.

⑭ 저는 재래시장을 좋아해요. _____에다가 _____ 까지 _____
  기 때문이에요.

⑮ 새로운 정부의 정책은 _____에다가 _____ 까지 모두가 비판하고
  있다.

68 | 여간 - 지 않다

1. 다음 빈칸을 채워 문장을 완성하시오.

① 영수는 별로 공부를 안 하는데 성적이 너무 좋다. 여간 _____

② 요즘 조금만 움직여도 땀이 너무 많이 난다. 요즘 날씨는 여간 _____

③ 이 식당은 음식이 맛있고 유명한 연예인들이 단골로 자주 오는 곳이기 때문에 여간

_____

④ 우리 학교 시험은 아주 어렵다. 시험에서 유급을 한 번도 받지 않고 졸업을 하는 것은

여간 _____

⑤ 영수는 아주 친절한 사람이다. 자기가 힘들어도 다른 사람을 도와주고 항상 미소를 잃

지 않는다. 영수는 여간 _____

2. 다음 빈칸을 채워 대화를 완성하시오.

① 미선: 영수야, 김 교수님은 이떤 분이야?

영수: 김 교수님은 여간 _____ 어떤 질문에도 정확하게 답을 해.

② 미선: 영수야, 김 교수님은 어떤 분이야?

영수: 김 교수님은 여간 _____ 내가 어떤 질문을 해도 화를
내지 않고 항상 친절하게 답을 해 주셔.

③ 영수: 미선아, 방학은 잘 보냈어?

영수: 이번 방학은 아르바이트 때문에 여간 _____

④ 영수: 미선아, 지금 회사는 어때? 분위기가 많이 나빠?

미선: 어, 내가 실수를 해서 회사 분위기가 여간 _____

⑤ 영수: 미선아, 새로 산 자동차는 어때?

미선: 여간 _____ 너무 좋아.

69 │ 여지가 있다

1. 다음 빈칸을 채워 문장을 완성하시오.

① 이 문제는 아직 확실하지 않다. 정답에 대해서 다른 선생님들과 의견을 _____

_____

② 이 의견은 인권과 관련된 문제이기 때문에 다시 생각해야 한다. 아직 결정된 사항이

아니니까 _____

③ 두 사람이 확실히 이혼을 한다고 할 수는 없다. 두 사람의 이혼에 대해서 _____

_____ 고 들었다.

④ 그 사람이 범인이라고 확실하게 답을 할 수는 없다. 아직 그 사람의 범죄에 대해서

_____

⑤ 이 회사의 잠재력은 아주 대단하다. 직원들의 노력에 따라서 지금보다 더욱 _____

_____

70 │ 여지가 없다

1. 다음 빈칸을 채워 문장을 완성하시오.

① 이 문제는 다른 정답이 존재하지 않는다. 다른 선생님과 의견을 _____

② 두 사람의 이혼은 결정된 사항이며 번복되지 않는다. 다시 _____

③ 그 아이돌 그룹의 은퇴는 _____ 확실하게 결정된 사항이다.

④ 영수의 잘못은 _____ 확실하다.

⑤ 두 사람의 관계가 나빠진 것은 확실한 것 같다. _____ 분명하다.

2. 다음을 읽고 보기와 같이 문장을 완성하시오.

보기

영수는 출근 시간을 항상 지키지 않는다. 그리고 자기가 일을 하고 싶을 때만 일을 하기에 근무 태도도 매우 나쁘다. 동료들과 사이도 좋지 않기 때문에 끝내 영수는 회사에서 해고를 당했다. 하지만 영수는 자기의 해고가 부당하다며 재고를 요청했다. 그러나 사장님은 영수의 해고는 절대 부당하지 않다며 말을 한다.
: 영수의 해고에 대해서는 다시 고려할 여지가 없어요.

① 영수는 미선이와 헤어졌다. 영수는 술만 마시면 나쁜 말을 하고 미선이에게 폭행을 가했다. 그런 이유로 미선이는 영수와 다시는 만나고 싶지 않았기 때문에 이별을 결심했고 더는 생각을 바꾸지 않겠다고 다짐했다.

:

② 영수는 대학 과제를 돈을 주고 사서 제출했다. 다른 학생들과 공정하게 자신의 실력으로 과제를 해야 함에도 영수는 돈을 주고 과제를 제출하는 불법행위를 저질렀다. 이를 알게 된 교수님은 영수에게 F를 줬다. 영수는 한 번만 용서를 해 달라고 애원을 했지만 교수님은 절대 생각을 바꾸지 않겠다고 하신다.

:

③ 영수는 최고의 성적으로 학교를 졸업했다. 그래서 교수님은 영수에게 대기업에 입사할 수 있는 추천서를 써 주려고 한다. 그런데 미선이가 영수의 졸업 논문의 내용이 자신이 쓰려고 준비하고 있는 논문의 내용을 몰래 표절해서 작성한 것임을 교수님께 알렸다. 교수님은 미선이가 제출한 자료를 본 후 표절이 확실하다며 의심할 수 없다고 말씀하신다.

:

④ 영수는 최고의 의사다. 다른 의사들이 불가능하다고 말을 하는 환자도 영수를 만나면 대부분 완치가 된다. 영수의 실력은 아무도 부정하지 못한다.

:

⑤ 우리 학교 앞에 있는 한식집의 요리사는 대한민국에서 가장 유명한 요리사다. 그에게
서 배운 제자들이 운영하는 식당도 대부분 우리나라 최고의 한식집이다. 그런 유명한
요리사들의 스승이라는 점에서 우리 학교 앞 한식집 요리사의 실력은 누구도 의심할
수 없다.

:

3. 다음 대화를 읽고 '여지가 있다, 여지가 없다' 중 한 표현을 선택하여 대화를
완성하시오.

① 영수: 미선아, 너 정말 교수님의 제안을 거절하려고 해? 생각을 바꿀 생각은 없어?

    미선: 응, 내 선택을 바꿀 생각은 없어. _____

② 영수: 교수님 바이러스 때문에 시험을 못 본 학생들은 다시 시험을 볼 기회가 있나요?

    교수: 네, 이 바이러스 때문에 시험을 못 본 학생들은 다시 _____

    _____. 학교 측의 선택을 기다려 봅시다.

③ 영수: 미선아, 정말 차홍이 범인이야?

    미선: 어, CCTV에 차홍의 모든 행동이 찍혔어. 차홍이 _____

    _____

④ 기자: 정말 김영수 씨가 범인이라고 보세요? 확실합니까?

    경찰: 글쎄요, 아직 확실한 증거가 없기 때문에 범인이 누구인지 신중하게 고민을 할

    _____

⑤ 기자: 노조와 회사의 갈등을 해소할 수 있는 가능성이 있습니까?

　　사장: 네, 저희 회사 측은 대화를 기다리고 있으니 이 문제가 언제든지 해결될 수 있는

_____

71 오죽하면

1. 다음을 읽고 보기와 같이 문장을 완성하시오.

> **보기**
> 교수님은 수업시간에 화를 낸 적이 없으신 정말 친절한 분이다. 그런데 어제 교수님은 영수 때문에 수업시간에 화를 냈다.
> : 교수님이 얼마나 친절하신 분인데, 오죽하면 영수에게 화를 냈을까.

① 영수는 음식을 아주 잘 먹는다. 특별하게 맛이 있는 식당이 아니어도 남기지 않고 음식을 모두 먹는다. 그런데 어제 영수는 새로 생긴 한식집에서 음식을 먹지 않고 거의 남겼다. 음식을 남기지 않는 영수가 음식을 남긴 것을 보니까 식당 음식이 정말 맛이 없었던 것 같다.

:

② 영수는 인내심이 많다. 아파도 참고, 불편해도 참는다. 오랫동안 영수를 봐 왔기 때문에 영수의 인내심은 내가 보장할 수 있다. 그런데 요즘 회사일 때문이 영수는 너무 힘들다고 말을 하면서 가끔 울기도 한다. 얼마나 힘들었으면 영수가 울고 힘들다고 말을 할까.

:

③ 고등학생이 편의점에서 빵을 훔치다가 잡힌 사건을 뉴스로 봤다. 그 학생은 부모님도 없이 홀로 사는 고아라고 한다. 며칠 동안 아무것도 먹지 못해서 너무 힘들어서 빵을 훔쳤다고 한다.

:

④ 영수는 미선이와 헤어진 이후 술을 마시지 않는 날이 없다. 그동안 영수가 술을 마시는 것을 본 적이 없기 때문에 미선이와의 이별이 얼마나 힘들까 하는 생각이 든다.

:

⑤ 요즘 우리 학교 앞 분식집의 매운 떡볶이를 먹는 것이 유튜버들에게 유행이라서 항상 그 분식집에서는 사람이 많다. 영수도 그 떡볶이를 먹어 보고 싶어서 줄을 선 후 매운 떡볶이 먹기를 시작했다. 그런데 떡볶이를 먹은 후에 특별히 문제가 없었던 영수는 집에 간 후 배가 너무 아파서 병원에 갔다고 한다.

:

2. 다음 빈칸을 채워 대화를 완성하시오.

① 미선: 영수야, 어제 수업 시간에 차홍이 배가 아프다면서 울었다고 하던데 정말이야?
   영수: 어, 나 깜짝 놀랐어. 오죽 _____ 차홍이 울면서 그랬을까?

② 미선: 영수야, 민수가 회사를 그만뒀다면서? 처음 입사를 했을 때 그렇게 좋아했으면서 왜 갑자기 회사를 그만 둔거야?
   영수: 일이 너무 힘들었다고 해. _____ 그렇게 좋아하던 회사를 그만뒀을까 싶어서 속상하더라.

③ 미선: 영수야, 차홍이 어제도 약속 시간에 늦었다면서? 요즘 차홍 무슨 일이 있어?

영수: 회사일이 너무 바빠서 시간을 내기가 힘들대.

미선: 정말? 오죽 _____ 차홍이 약속 시간을 맞추지 못하는 일이 생길까.

④ 미선: 영수야, 요즘 유행하는 최신형 휴대폰을 봤어? 가격이 아주 비싼데 성능이 너무
좋아서 인기가 많대.

영수: 그 핸드폰 정말 비싸던데, 핸드폰 성능이 _____ 이렇게
비싼 가격의 핸드폰이 인기가 많을 수가 있지?

⑤ 미선: 영수야, 어제 우리 아버지가 나에게 화를 내셨어. 태어나서 처음 아버지가 화를
내시는 모습을 봐서 마음이 좋지 않아.

영수: 너가 _____ 너에게 화를 내셨을까. 한 번도 화를 내신 적이
없는 분이잖아.

72 | 웬만하면

1. 다음 빈칸을 채워 문장을 완성하시오.

① 차홍은 성적이 좋지도 나쁘지도 않은 _____ 학생이다.

② 차홍의 집은 멀지도 가깝지도 않은 _____

③ 차홍은 술을 _____ 마신다.

④ 차홍의 한국어 실력은 _____

⑤ 차홍은 한국에서 2년쯤 살아서 _____ 한국어로 가능하다.

2. 다음 빈칸을 채워 대화를 완성하시오.

① 영수: 미선아, 차홍이 한국어를 잘해? 난 차홍과 대화를 한 적이 없어.

　미선: 응, 차홍의 한국어 실력은 _____ 때문에 내와는 분세가 없어.

② 영수: 내가 김 교수님 수업을 들어도 될까?

　　미선: 김 교수님 수업은 정말 어려워. 너는 외국인이니까 _____

③ 영수: 차홍은 친하게 지내기 힘든 성격인 것 같아.

　　미선: 응, 차홍은 낯을 많이 가리고 내성적이라서 _____

④ 영수: 열심히 공부하면 김 교수님 수업에서 A를 받을 수 있을까?

　　미선: 아니, 웬만하면 _____. 시험이 정말 어렵다니까.

⑤ 영수: 나 이제 회사에 다닐 수 없을 것 같아. 회사 일이 너무 힘들고 일이 많아서 힘들어.

　　미선: _____. 어느 회사에 다녀도 회사는 모두 힘들어.

　　영수: _____. 도저히 참을 수가 없어.

73 | 으니만큼

1. 다음 빈칸을 채워 문장을 완성하시오.

① 이번 행사에 온 국민들의 기대가 _____ 열심히 준비하겠습니다.

② 이번 행사를 위해서 열심히 _____ 좋은 결과가 있을 거라고 확신합니다.

③ 치료제 개발을 위해 많은 전문가들이 _____ 곧 좋은 소식이 있을 겁니다.

④ 환경 문제는 미래 사회에서 가장 중요한 _____ 모든 이들의 노력이 필요합니다.

⑤ 내일 회식에는 사장님께서도 _____ 모든 직원들도 꼭 참석해 주시길 바랍니다.

2. 다음 대화를 완성하시오.

① 사회자: 교수님, 장기화되고 있는 경제 문제를 해결하는 방법이 있을까요?

　　교수: 세계 경제 문제가 _____ 단기간에 해결하는 방안은 없다고 여겨집니다.

② 사회자: 계속되고 있는 한국 사회의 저출산 문제는 앞으로도 중요한 과제이겠지요?

　교수: 네, 한국의 저출산 문제가 ＿＿＿＿＿＿＿＿＿ 이를 해결하기 위한 정책의

　　　　마련이 무엇보다 중요합니다.

③ 사회자: 새로 데뷔한 아이돌에 대한 관심이 뜨겁습니다. 회사 대표로서 한 말씀 해주

　　　　시죠.

　사장: 많은 팬들이 새로운 그룹에 ＿＿＿＿＿＿＿＿＿＿＿＿ 만큼 최선을 다해

　　　　만족시킬 수 있는 공연으로 보답하겠습니다.

④ 사회자: 김미선 선수는 이번 올림픽이 첫 올림픽인데 각오 한 말씀해 주세요.

　김미선: ＿＿＿＿＿＿＿＿＿ 누구보다 열심히 해서 좋은 결과를 얻을 수 있도록

　　　　최선을 다하겠습니다.

⑤ 사회자: 새롭게 개발된 치료제의 효과는 어떻다고 생각하십니까?

　의사: 아직 사용한 적이 없는 새로운 ＿＿＿＿＿ 효과가 크다고는 볼 수 없어요.

74 | 으니/니 어쩌니 해도

1. 다음 빈칸을 채워 문장을 완성하시오.

① 요즘 경제가 _____ 돈을 버는 사람들은 다 벌더라.

② 그 가방이 _____ 비난을 해도 없어서 못 판다고 해.

③ 취업이 _____ 열심히 하면 좋은 결과가 있을 거야.

④ 머리가 _____ 열심히 노력하지 않으면 아무 소용이 없어.

⑤ 시골이 _____ 편의시설이 없으니까 너무 불편해서
  살 수가 없어요.

2. 다음 빈칸을 채워 대화를 완성하시오.

① 영수: 미선아, 집값이 좀 내렸다고 하는데 너는 집을 살 생각이 없어?

  미선: _____ 서울은 서울이야, 여전히 비싸.

② 영수: 미선아, 너가 다니는 대학교는 명문 대학교니까 교수님들도 정말 좋겠다.

　　미선: 꼭 그렇지도 않아. ＿＿＿＿＿＿＿＿＿＿＿＿＿ 이상한 교수님도 많아.

③ 영수: 선생님, 아무리 많이 먹어도 운동만 열심히 한다면 살을 뺄 수 있지요?

　전문가: 아닙니다. ＿＿＿＿＿＿＿＿＿＿＿＿＿ 많이 먹으면 아무 소용이 없어요.

④ 영수: 미선아, 너는 회사가 돈도 많이 주는데 왜 그렇게 항상 회사에 불만이니?

　　미선: ＿＿＿＿＿＿＿＿＿＿＿＿＿ 분위기가 너무 나빠서 견디기가 힘들어.

⑤ 영수: 미선아, 엄마가 되니까 어때? 나는 돈이 많이 드니까 부담이 들 것 같은데…

　　미선: 아이를 키우는데 ＿＿＿＿＿＿＿＿＿＿＿ 돈과 관계없이 나는 너무 행복해.

75 | 으려고 들다

1. 다음을 읽고 보기와 같이 문장을 만드시오.

> **보기**
>
> 영수는 나에게 화가 난 것 같다. 이유는 모르겠지만 요즘 나를 보면 그때마다 화를 내고 싸우려고 한다.
> : 영수는 요즘 나만 보면 싸우려고 들어요.

① 우리 딸은 요즘 공부를 하는 것이 싫은지 집에만 오면 놀거나 잠만 잔다. 공부를 하는 것이 정말 싫은 것 같다.

:

② 영수는 요즘 자꾸 밤만 되면 음식을 시켜서 먹자고 조른다. 나는 음식이 별로 먹고 싶지 않은데 영수는 계속 밤에 무엇인가를 먹으려고 한다.

:

③ 어제 영수가 갑자기 길을 가다가 어떤 사람을 때리려고 했다. 내가 왜 그러냐고 물어도 대답은 하지 않고 자꾸 때리려고만 해서 너무 놀랐다.

:

④ 우리 아들은 고기를 좋아한다. 아니 정확하게 말을 하면 고기만 먹는다. 야채를 먹으라고 권해도 절대 안 먹는다. 어렸을 때는 골고루 먹어야 한다는데 그렇지 않아서 걱정이다.

:

⑤ 요즘 영수는 이상한 술버릇이 생겼다. 술만 마시면 울려고 한다. 오늘도 술을 마시고 조금 취하니까 또 울려고 한다.

:

⑥ 내 남자친구는 요즘 자꾸 내 핸드폰을 보려고 한다. 무엇을 생각하는지 내가 없으면 핸드폰을 만지고 가끔 나에게 핸드폰 비밀번호를 풀라고도 한다. 이렇게 사생활을 간섭하는 것은 너무 싫어서 요즘 고민이다.

:

⑦ 아르바이트를 하는 편의점의 시급은 높지 않다. 그래도 같이 일하는 다른 학생과 대화를 하는 것이 즐거워서 큰 불만이 없어 일을 하고 있다. 그런데 요즘 자꾸 우리 가게 사장이 시급을 깎으려고 한다.

:

⑧ 어제 옆집에 경찰이 왔다. 영수에게 물어보니까 어제 어떤 술에 취한 사람이 옆집에
　 들어가려고 해서 경찰을 불렀다고 한다.

　:

⑨ 아침을 먹고 회사에 가는 것은 정말 중요하다. 일을 할 에너지를 제공하기 때문이다.
　 그런데 요즘 우리 딸은 아침을 먹지 않고 그냥 회사에 가려고 한다.

　:

⑩ 부장님이 요즘 자기가 타는 자동차에 기름을 넣어 오라든지 아들의 숙제를 부탁하는
　 등의 개인적인 일을 나에게 자꾸 시킨다.

　:

76 | 으려야/려야

1. 다음 빈칸을 채워 문장을 완성하시오.

① 이 식당 음식은 너무 맛이 없어서 도저히 _____

② 오늘 너무 아파서 학교에 _____

③ 영수가 너무 화가 나게 해서 _____

④ 어제 한 말이 자꾸 생각이 난다. 도저히 _____

⑤ 스트레스를 받을 때마다 술을 마시는 습관이 들었다. 사회생활을 시작한 이후로 스트
　레스를 너무 많이 받으니까 술을 _____

⑥ 요즘 회사일이 너무 바빠서 숙제를 _____

⑦ 핸드폰을 바꾸고 싶은데 최신형 핸드폰은 너무 비싸서 _____

2. 다음 빈칸을 채워 대화를 완성하시오.

① 영수: 넌 그 사람을 못 믿어? 왜 그래?

    미선: _____

② 영수: 미안해, 미선아 이 국이 너무 매워서 _____

    미선: 나도 국이 이렇게 매우리라고는 생각조차 못했어. 맵지 않은 맛으로 살걸 그랬어.

③ 영수: 너는 부모님이 이렇게 반대를 하는데도 그 사람과 꼭 결혼을 해야겠어?

    미선: 응, 너무 사랑해서 우리는 _____

④ 영수: 어학당 교재를 사야 하는데 지금 파는 곳이 없어서 살 수가 없어.

    미선: 나도 그래, 다음 주는 돼야 살 수 있대. 지금은 책을 _____

⑤ 영수: 미선아, 그 책이 어려워? 어때?

    미선: 너무 어려워, 전문용어가 많아서 _____

77 ┃ 으련만/련만

1. 다음 빈칸을 채워 대화를 완성하시오.

① 오늘 날씨가 좋았으면 산책을 _____ 갑자기 비가 내려서 가지 못했어.

② 영수가 먼저 잘못을 인정했으면 _____ 사과가 없으니 법적인 책임을 묻겠어!

③ 조금 더 열심히 공부를 했으면 시험에 _____ 이번에도 합격하지 못했다고 해.

④ 내가 돈이 있으면 _____ 나도 돈이 없어서 빌려줄 수가 없어.

⑤ 웬만하면 약속을 _____ 회사에 급한 일이 생겨서 약속을 지킬 수가 없었어.

2. 다음 대화를 완성하시오.

① 영수: 미선아, 차홍이 시험에 합격했어?

　　미선: 아니,

② 영수: 미선아, 정말 그 사람을 고소하려고 해?

    미선: 응, _____

③ 영수: 미선아, 나 급하게 사용해야 할 돈이 필요한데 돈을 좀 빌려줄 수 있어?

    미선: 미안해, 지금 내가 돈이 없어. _____

④ 영수: 너 내일 건강검진이 있어서 치킨을 못 먹는 거야?

    미선: 응, 나 아침에 건강검진을 받아야 해. _____

⑤ 영수: 그 빨간색 핸드폰을 사용하기로 한 거야? 배송이 잘못 왔다고 했잖아?

    미선: 환불을 받고 새 핸드폰을 구하는 데 시간이 오래 걸린다고 해.

    _____

78 | 으로/로 말미암아

1. 다음 빈칸을 채워 문장을 완성하시오.

① 두 나라의 _____ 수많은 난민이 발생했습니다.

② 이번 _____ 많은 수재민이 발생했습니다.

③ 긴 _____ 논에 물을 대는 것조차 힘들다.

④ 병원 의사의 실수로 인한 _____ 몸에 큰 상처가 났다.

⑤ _____ 겨울에 눈이 내리지 않는 나라가 생기기 시작했다.

2. 다음 대화를 완성하시오.

① 영수: 미선아, 차홍이 아내와 이혼을 했다는 것이 사실이야?

　　미선: 응, 차홍의 아내가 다른 남자와 불륜을 저질렀대.

　　영수: 정말? 그럼 아내의 _____ 가정이 파탄이 나게 된 거야?

② 사회자: 지금 세계 경제의 불황이 한국의 경제에도 큰 영향을 주리라 판단하십니까?

전문가: 네, 지금 _____ 한국 경제도 당분간 불황이
지속될 것으로 여겨집니다.

③ 사회자: 한국은 지금 혼인을 한 부부들이 아이를 낳지 않으려는 상황이 지속되고 있는
데 결국 미래 사회의 위기 요소가 될 것으로 볼 수 있을까요?

전문가: 네, 물론입니다. _____ 한국의 미래
사회는 큰 위기가 닥칠 수 있습니다.

④ 사회자: 쓰레기 매립장의 유치를 반대하는 시위가 한창입니다. 그렇지만 쓰레기 매립
장은 반드시 있어야 필수 요소임은 분명한데 그 필요성은 공감하면서도 자기
가 살고 있는 지역에는 위치할 수 없다고 주장하는 근본적인 이유는 무엇일
까요?

전문가: 자기가 살고 있는 지역만을 위하는 의식, 즉 _____
이런 문제가 끊이지 않는다고 볼 수 있습니다.

⑤ 사회자: 지금 두 나라의 전쟁이 오랫동안 지속되고 있는데 그 결과 세계 경제 또한
지속적으로 불황을 겪고 있다고 봐도 될까요?

전문가: 물론입니다. 두 나라의 _____ 세계 시장은 급격히
변화하고 있으며 불황의 직접적인 원인이 된다고 볼 수 있습니다.

79 | 으면/면 그만이다

1. 다음 빈칸을 채워 문장을 완성하시오.

① 농구 선수는 키가 정말 중요한 것 같아, 정말 _____

② 어린 아이는 건강하게 _____. 다른 것은 바라지 않아.

③ 치킨과 맥주는 함께 _____. 아주 맛있어.

④ 과제를 교수님 메일로 _____. 이제 다 끝났어.

⑤ 이번 한 번만 더 나를 _____. 다시는 도와 달라고 말을 하지 않을게.

2. 다음 대화를 완성하시오.

① 영수: 미선아, 과제는 다 했어?

　　미선: 응, 이제 다 했어. 과제를 _____

② 영수: 미선아 여행갈 준비는 다 했니?

　　미선: 응, 다 끝났어. 이제 여권을 _____

③ 영수: 넌 초콜릿을 자주 먹는 것 같아.

　　미선: 자주 먹지는 않아. 그렇지만 힘이 없을 때 _____

④ 영수: 미선아, 너 또 대학교 시험을 보려고 하는 거야? 벌써 사수를 했잖아.

　　미선: 이번이 마지막이야. 또다시 _____

⑤ 차홍: 미선아, 삼겹살과 마늘을 같이 먹으면 맵지 않아?

　　미선: 여기 불판에 _____. 맵지 않아서 정말 맛있어.

80 | 으면/면 몰라도

1. 다음 빈칸을 채워 대화를 완성하시오.

① 돈이 _____ 돈이 없는데 유학을 가는 것은 힘들 것 같아.

② 너가 그동안 시험 준비를 _____ 오늘부터 공부해서 A를 받을 수는
없을 것 같아.

③ 너가 미선이의 _____ 그냥 친구면서 핸드폰을 보여 달라고 하는 것은
정말 이상해.

④ 당장 치료약이 _____ 이 바이러스는 쉽게 끝나지 않을 거예요.

⑤ 영수가 미선이에게 먼저 _____ 미선이는 영수에게 절대 먼저 사과를
하지 않을 것 같아요.

2. 다음 대화를 완성하시오.

① 영수: 미선아, 1주일 정도면 공부하면 토픽 6급을 받을 수 있을까?

미선: 토픽 시험이 아주 _____ 1주일 공부해서 6급을 받는

　　 것은 불가능한 것 같아.

② 영수: 미선아, 열심히 돈을 모으면 5년 후에는 서울에서 집을 살 수 있을까?

　　미선: 서울 집값은 만만치 않아. 그 월급을 _____ 서울에서

　　　　 집을 사는 것은 쉽지 않을 거야.

③ 영수: 교수님, 지금 한국은 고령화 사회로 진입을 하고 있는데 당장 이를 극복할 수 있

　　　　는 방안이 있다고 보십니까?

　　교수: 갑자기 한국의 출산율이 _____ 고령화 사회로 진입하고 있는

　　　　 지금의 문제를 당장 해결하는 것은 쉽지 않을 겁니다.

④ 사회자: 한국의 수도가 제주도로 바뀌는 가능성이 존재한다고 보십니까?

　　전문가: 아니요, _____ 한국의 수도가 제주도로 바뀌는

　　　　　 일은 없을 겁니다.

⑤ 사회자: 교수님은 학교 폭력을 행사한 과거가 있는 사람들은 절대 용서를 할 수 없다

　　　　　는 입장을 고수하고 계시지요?

　　교수: 물론입니다. 다른 사람에게 불행과 고통을 준 학교 폭력은 _____

　　　　 제가 살아 있는 동안은 절대 용시할 수 없는 일이라고 생각합니다.

81 │ 은/ㄴ 나머지

1. 다음 빈칸을 채워 대화를 완성하시오.

① 사고 소식을 들은 영수는 너무 _____ 아무것도 할 수 없었다.

② 대학교 합격 소식을 들은 영수는 _____ 눈물을 흘렸다.

③ 이번 겨울은 너무 _____ 난방비가 30만 원이 넘게 나왔다.

④ 영수는 3년 만에 만난 미선이가 너무 _____ 사람들 앞에서 큰 소리를 내며 웃어 버렸다.

⑤ 영수는 그 자동차가 너무 _____ 대출을 받기로 결심을 했다.

2. 다음을 읽고 보기와 같이 문장을 만드시오.

> **보기**
> 영수는 동생의 대학교 합격 소식을 들었다. 대학교에 합격하기 위해 얼마나 많은 노력을 했는지 영수는 잘 알고 있었기 때문에 동생의 합격 소식을 듣고 너무 기뻤다. 그래서 자기도 모르게 소리를 지르게 됐다.
> : 영수는 동생의 합격 소식을 듣고 너무 기쁜 나머지 소리를 질렀다.

170

① 영수가 잘못이 없는 것은 회사원 모두가 잘 알고 있다. 하지만 많은 사람들이 영수에게 비난을 멈추지 않았고 영수는 비난을 견디지 못해 회사를 그만두고 말았다.

:

② 어제 집에 가던 길에 영수는 미선이의 교통사고 소식을 너무 놀랐다. 가던 길을 멈추고 그 자리에 주저앉을 만큼 놀랐다고 한다.

:

③ 올 여름은 너무 덥다. 지난 30년 동안 가장 더운 여름이라고 한다. 얼마나 더운지 일부 초등학교에서는 전에 없었던 휴교를 실시했다.

:

④ 최고의 인기가수 김영수의 콘서트가 있었던 어제 그 가수의 콘서트를 보기 위해 수많은 인파가 신촌에 몰렸다. 그 때문에 신촌과 근처의 교통이 1시간가량 마비되었다고 한다.

:

⑤ 이번에 새롭게 출시된 그 자동차의 인기가 식을 줄을 모른다. 잔고장이 전혀 없고 가격과 비교하여 훌륭한 성능을 갖춘 덕이라고 한다. 그런 이유 때문에 지금 자동차를 계약해도 출고까지 1년을 기다려야 하는 상황이다.

:

82 | 은들

1. 다음 대화를 완성하시오.

① 영수: 미선아, 너 아버지가 부자라면서? 너 정말 좋겠다.

　　미선: 어, 우리 아버지 부자야. 그런데 ＿＿＿＿＿＿＿＿＿＿＿＿ 아버지 돈인데
　　　　　나와 무슨 상관이 있어?

② 영수: 차홍은 저렇게 잘생겼는데 왜 인기가 없을까?

　　미선: 너 차홍을 잘 모르는구나? 얼굴이 아무리 ＿＿＿＿＿＿＿＿＿＿＿＿
　　　　　성격이 나쁜데 누가 좋아하겠어?

③ 영수: 미선아, 백화점에서 세일을 한다고 하는데 같이 가자!

　　미선: 싫어, ＿＿＿＿＿＿＿＿＿ 물건을 살 돈이 없는데 ＿＿＿＿＿＿

④ 영수: 미선아, 내일이 시험인데 너는 공부를 안 해?

　　미선: 몰라, ＿＿＿＿＿＿＿＿＿＿＿ 하루 한다고 무엇이 달라지겠어?
　　　　　그냥 편하게 집에서 잠이나 잘래.

⑤ 영수: 차홍, 너는 노래를 잘 부르니까 좋겠다.

　　차홍: 아무리 ＿＿＿＿＿＿＿＿＿＿＿. 난 한국어를 잘하는 너가 부러워.

⑥ 영수: 미선아, 너가 먼저 사과를 하는 것은 어때? 너가 잘못한 것은 사실이잖아.

미선: 싫어, 내가 먼저 _____. 어제 싸운 사실이 싸우지

않은 사실이 되는 것은 아니잖아.

⑦ 영수: 미선아, 이 소주를 마셔봐, 특별히 알코올 함량을 낮춰서 건강에 좋대.

미선: 무슨 소리야. 술이 _____ 건강을 생각한다면 술은

마시지 말아야지.

⑧ 영수: 운동을 했으니까 먹어도 돼. 살은 찌지 않을 거야.

미선: 아니야, 영수야. 아무리 열심히 _____

⑨ 영수: 미선아, 너 곧 졸업하지? 좋겠다. 나는 군대에 다녀와서 졸업하려면 아직 한참

남아서 그런지 졸업하는 너가 너무 부럽다.

미선: 뭐가 부러워? 아무리 _____

1. 다음 빈칸을 채워 문장을 완성하시오.

① 사건 현장에 있었던 목격자들의 진술을 _____ 그 사람은 이번 사건과 연관이 없음을 확인할 수 있었다.

② 바이러스에 감염이 된 후 완치된 환자들의 건강을 다시 _____ 특별한 이상 없이 항체가 생성된 것을 확인할 수 있었다.

③ 많은 경제 전문가들과 현 문제에 대해서 _____ 한국의 경제 성장은 당분간 이상이 없을 것으로 나타났다.

④ 한국 경제 연구소의 _____ 출산율이 한국의 경제에 미치는 영향은 대단히 크다고 할 수 있다.

⑤ 회사 임원들이 그 사안에 대해서 장시간 _____ 회사에서 폭력 행사를 한 김영수를 해고하기로 결정했다.

⑥ 결혼의 필요성에 대해서 대학생 1,000명을 대상으로 _____ 54%가 결혼은 선택이라고 응답했다.

⑦ 내년에 있을 대선에 대하여 최근 한 언론사에서 _____ 김영수 후보가 가장 높은 지지율을 보이는 것으로 나타났다.

⑧ 지난 한 달 동안 경찰이 한 정치인을 대상으로 불법 행위를 _____ 대부분 사실로 드러났다.

⑨ 한국 경제 연구소에 연구를 _____ 부동산 시장의 침체가 곧 멈출 것으로 예상했다.

⑩ 정부에서 대학생들의 _____ 이번 정책의 필요성을 재차 확인할 수 있었다.

84 | 은 이상

1. 다음 빈칸을 채워 대화를 완성하시오.

① 미선: 차홍, 너 정말 아이를 키우려고 하는 거야?

   차홍: 그럼, 당연하지. 나는 아이의 부모잖아.

   _____ 끝까지 책임을 다할 거야.

② 차홍: 미선아, 넌 대학교에 안 가는 것을 후회하지 않아?

   미선: 응, 전혀 후회하지 않아. 대학교를 포기하고 회사에 _____

   열심히 돈을 벌 거야.

③ 영수: 너 정말 열심히 공부하는구나? 공부가 힘들지 않아?

   미선: 힘들지. 그래도 어떻게 하니? 한국으로 _____ 열심히 공부할 거야.

④ 영수: 부장님, 오늘 회식에 꼭 참석해야 합니까?

   부장: 네, 당연합니다. 오늘은 모처럼 사장님도 참석하신다고 합니다.

   _____

⑤ 영수: 미선아, 너 정말 차홍을 용서하지 않을 거야?

　　미선: 응, 내가 몰랐으면 용서를 했겠지. 하지만 지금은 모든 사실을 다 알게 됐잖아.

---

2. 다음을 읽고 보기와 같이 문장을 완성하시오.

> **보기**
>
> 영수는 유학을 포기하고 취직을 하기로 결심했다. 결심은 바뀌지 않을 것이다. 한 번 결
> 심을 했으니 앞으로 정말 열심히 일을 하려고 마음을 먹었다.
> 영수: 취직을 하기로 결심을 한 이상 열심히 일을 할 거예요.

① 영수는 회사를 그만두고 사업을 하기로 했다. 사업이 성공하기가 힘든 것은 잘 알지만
　 포기하지 않을 생각이다.

영수:

② 영수는 미선이와 헤어지기로 마음을 먹었다. 너무 오랫동안 싸웠고 그로 인해 두 사람
　 의 관계가 더 나빠지며 서로에게 도움이 되는 것이 없다고 판단했다. 그렇기 때문에
　 영수는 빨리 미선이에게 말을 하려고 한다.

영수:

③ 애주가인 영수는 건강을 위해서 술을 끊기로 작정했다. 그래서 이제는 친구들과 만나
　 는 일도 줄이려고 한다.

영수:

177

④ 영수는 회사의 사장이다. 영수는 회사에서 일을 시작한 첫 날부터 인권침해에 대한 문제는 절대 용서하지 않을 거라고 직원들 앞에서 발표를 했다.

영수:

⑤ 미선이는 우연히 차홍의 아내가 다른 남자와 외도를 하는 것을 목격했다. 차홍이 의심을 할 때는 모르는 척을 했지만 직접 아내의 외도 현장을 목격한 이상 차홍에게 이 사실을 말하려고 한다.

미선:

85 | 은 채

1. 다음 빈칸을 채워 문장을 완성하시오.

① 영수는 안경을 _____ 잠이 들었다.

② 술에 취한 영수는 옷을 _____ 그대로 자고 있다.

③ 영수는 가스레인지를 _____ 그것을 모르고 학교에 가 버렸다.

④ 더운 여름날 영수는 창문을 _____ 청소를 해서 집에 모기가 많이 들어와
버렸다.

⑤ 영수의 집에 불이 났다. 너무 놀란 영수는 신발도 _____ 밖으로 뛰어갔다.

⑥ 영수는 아내와 싸운 뒤 한 달 동안 아내와 아무런 _____ 지낸다.

⑦ 영수는 핸드폰 화면이 깨졌지만 수리를 할 돈이 없어서 _____ 사용하고 있다.

⑧ 영수는 아르바이트를 하는 곳에서 사장과 싸움이 났다. 사장은 영수의 태도가 나쁘다
　 며 월급을 주지 못하겠다고 말을 했다. 기분이 나쁜 영수는 월급을 _____ 회사
　 를 그만둬 버렸다.

⑨ 오늘 비가 많이 왔다. 그런데 영수는 우산을 챙기지 못해서 비를 많이 맞게 됐다.
　 옷을 갈아입을 곳도 없어서 영수는 비에 _____ 수업을 들었다.

⑩ 바이러스에 걸린 영수는 밖에 나가지 못하고 격리가 _____ 생활하고 있다.

⑪ 미선이는 너무 피곤했는지 화장도 _____ 잠이 들었다.

⑫ 에어컨을 _____ 나가서 전기세 폭탄을 맞게 생겼다.

⑬ 밤에 문을 두드리는 소리에 놀란 영수는 문을 _____ 가만히 있었다.

86 │ 을까 보다

1. 다음 빈칸을 채워 대화를 완성하시오.

① 영수: 버스가 곧 출발하는데 미선이가 도착을 안 했어. 아직 너에게 연락도 없지?

　차홍: 어, 없어. 이 버스를 놓치면 우리 모두 지각을 할 텐데… 그냥 _____

② 영수: 미선이가 약속에 늦네. 연락도 없고.

　차홍: 빨리 먹고 출발해야 늦지 않을 텐데. 그냥 우리끼리 _____

③ 영수: 오늘 날씨가 너무 좋네. 특별히 할 일도 없고. 우리 오늘 뭐 할까?

　미선: 요즘 벚꽃이 많이 폈잖아. 우리 _____

④ 영수: 나 요즘 살이 많이 찐 것 같아서 내일부터 운동을 하려고 해.

　미선: 나도 그래. 나도 살이 많이 쪘어. 나도 이참에 _____

⑤ 영수: 미선아, 너 숙제는 다 했어?

　미선: 아니, 할 일이 많은데 힘들어서 반도 못했어. 숙제도 하기 싫은데

　_____

⑥ 영수: 오늘 할 일도 없는데 집에서 _____

　　미선: 나도 보고 싶은 영화가 있는데 그러지 말고 우리 극장에 가서 같이 보자!

⑦ 영수: 미선아, 주말에 무엇을 할 거야?

　　미선: 그동안 부모님을 못 만나서 _____

⑧ 영수: 잠도 안 오는데 _____

　　미선: 그거 좋겠다. 나도 저녁을 많이 먹어서 소화가 안 됐거든. 같이 가자!

⑨ 영수: 너 다음 달에 제주도로 여행을 간다면서?

　　미선: 응, 일주일 정도 다녀오려고 해.

　　영수: 나도 다음 달이 시간이 좀 남는데 나도 _____

1. 다음 빈칸을 채워 문장을 완성하시오.

① 너무 늦은 시간이라서 밥을 _____ 고민하고 있어요.

② 늦게 일어나서 학교에 _____ 생각 중이에요.

③ 그 사실을 영수에게 _____

④ 날씨가 추워서 내일 산책을 _____

⑤ 너무 아픈데 한국에서 보험이 안 돼서 병원비가 비싸니까 병원에 _____

2. 다음 대화를 완성하시오.

① 영수: 미선아, 너 이번 주말에 등산을 가는 거지?

　　미선:

② 영수: 미선 씨, 다음 학기에도 아르바이트를 할 거예요?

　　미선: 글쎄요, 다음 학기 수업이 많아서 _____

③ 영수: 미선아, 무슨 고민이 있어? 회사일이 힘들어?

　　미선: 응, 회사에서 하는 일이 적성에 맞지 않아서 _____

④ 영수: 이번에 계약이 끝나면 이사를 갈 거야?

　　미선: 이사를 가고 싶은데 집값이 너무 올랐어. _____

⑤ 영수: 미선아, 넌 오늘 반 모임에 갈 거야?

　　미선: 글쎄, 숙제가 많아서 _____

88 | 을 때도 있었어요

1. 다음 빈칸을 채워 문장을 완성하시오.

① 영수는 지금은 뚱뚱하지 않지만 예전에 _____

② 영수는 지금 키가 커요. 하지만 _____

③ 영수의 집은 아주 부자예요. 하지만 영수가 어렸을 때는 _____

④ 영수는 지금 한국어를 아주 잘하지만 예전에는 _____

⑤ 지금은 스마트폰이 싸지만 _____

2. 다음 대화를 완성하시오.

① 영수: 미선아, 넌 옛날부터 한국말을 잘 했어?

　　미선:

② 영수: 미선아, 넌 예전에도 차홍과 사이가 좋았어?

　　미선: 아니, 우리는 최근에 사이가 좋아진 거야.

　　　　　옛날에는 차홍을 _____

③ 영수: 너는 유학 생활이 힘든 적이 없었어? 늘 씩씩하게 지내는 것 같아.

　　미선: 나라고 왜 힘든 일이 없었겠어. 처음에 한국에 왔을 때는 너무 외롭고 힘들어서

　　　　　_____

④ 영수: 너는 회사 생활을 참 잘한다. 회사 사람들 때문에 힘든 적은 없었니?

　　미선: 많았지. 왜 없었겠어.

　　　　　처음 회사 생활을 할 때는 적응이 안 돼서 _____

⑤ 영수: 미선아, 너네 집은 항상 이렇게 돈이 많았어? 넌 정말 잘 사는 것 같아.

　　미선: 아니야, 어렸을 때는 빚이 많아서 진짜 힘들었어.

　　　　　지금에 와서 잘 사는 거지 _____

186

89 | 을락 말락

1. 다음 빈칸을 채워 문장을 완성하시오.

① 영수는 그 영화가 슬픈지 _____

② 경기가 끝난 그 선수는 너무 지쳐서 _____

③ 영수가 무슨 말을 _____ 화를 냈다.

④ 영수가 교실 문 앞에서 _____ 왔다 갔다 해서 정신이 없다.

⑤ 지각을 _____ 시간이라 정신없이 뛰었다.

⑥ 영수는 기차가 _____ 시간까지도 나타나지 않았다.

⑦ 아기가 잠이 _____ 하는데 초인종을 누르는 소리가 들렸다.

⑧ 하늘을 보니까 너무 흐리다. _____ 해서 등산을 못 갈 것 같다.

⑨ 영수의 키가 너무 커서 머리가 문에 _____

⑩ 저울의 눈금을 보니까 영수의 몸무게가 100kg을 _____

90 | 을/를 무릅쓰고

1. 다음 빈칸을 채워 문장을 완성하시오.

① 그 기자는 전쟁이 난 곳으로 달려가 취재를 하고 있다. _____ 진실을
취재하기 위해 최선을 다하는 기자 정신에 박수를 보낸다.

② 그 정치인은 _____ 모두가 반대하지만 국가를 위해
꼭 필요한 정책에 사인을 했다.

③ 우리 회사는 경제적인 _____ 새로운 사업을 시작하기로 했다.

④ 대통령은 국민들의 _____ 자신의 의견을 관철시키기 위해 노력했다.

⑤ 소방관이라는 직업은 _____ 다른 사람의 목숨을 구하는 직업이다.

⑥ 영수는 아버지의 부고 소식을 들었다. 하지만 _____ 경기에 참석하기로
결심했다.

⑦ 나는 많은 사람들 앞에서 내 의견을 내는 것이 부끄럽다. 하지만 _____
이번에는 용기를 내서 나의 의견을 주장하려고 한다.

⑧ 나는 실패를 두려워하지 않는 사람을 존경한다. 나도 그들처럼 ＿＿＿＿＿＿ 자신 의 꿈을 위해 끝까지 도전하는 사람이 되고 싶다.

⑨ 그 군인은 한국 전쟁 당시 ＿＿＿＿＿＿＿ 전투에서 승리했기에 국가 유공자 가 되었고 그럴 자격이 충분히 있다.

⑩ 사장님은 회사의 경제적 ＿＿＿＿＿＿＿ 이번 사고에 대한 도의적인 책임을 다하려고 하신다.

91 | 을/를 바에야

1. 다음 빈칸을 채워 대화를 완성하시오.

① 그 회사의 자동차는 잔 고장이 많기로 유명하다. 그래서 요즘 젊은 사람들은 그 회사의 _____ 평생 걸어서 다니겠다는 말을 하기도 한다.

② 미선이는 선을 본 사람과 잘되지 않았다. 그 사람의 생각이 자기와 너무 다르고 가부장적인 생각을 가진 탓에 그 사람과 _____ 평생 혼자 살겠다고 말을 한다.

③ 그 항공사는 요즘 비행기 사고가 잦다. 물론 아직까지 큰 사고는 없었지만 작은 사고 때문에 승객들이 많이 불안해한다. 나도 지난번 위험한 상황을 경험한 이후에 친구들에게 그 회사의 _____ 배를 타고 해외여행을 가겠다고 말을 했었다.

④ 유학생인 영수는 생활비를 마련하기 위해 시작했던 아르바이트를 얼마 전에 그만뒀다. 시급은 높지만 일이 힘들고 사장이 자꾸 모욕적인 말을 했기 때문이다. 그래서 영수는 _____ 유학 생활을 그만두겠다고 말을 하며 아르바이트를 그만둔 것이다.

⑤ 미선이는 자존심이 강한 사람이다. 회사 선배는 미선이의 실수를 빌미로 미선이의 자존심에 금이 가는 소리를 자꾸 하니까 미선이는 _____ 회사를 그만두는 것이 더 났다고 말을 하면서 회사를 그만뒀다.

2. 다음을 읽고 보기와 같이 문장을 완성하시오.

> **보기**
> 영수는 차홍과 싸웠다. 같은 방을 사용하는 차홍이 자꾸 영수의 물건을 사용하고 청소도 하지 않고 방을 더럽게 사용했기 때문이다. 여러 번 참고 좋은 말로 이야기를 했던 영수는 결국 참지 못하고 차홍에게 화를 내버렸다. 나는 영수에게 한 번 더 참고 차홍과 화해를 하라고 했지만 영수는 다시는 차홍과 살지 않겠다며 "월세가 비싸도 혼자 사는 것이 낫다"며 더 화를 내 버렸다.
> 영수: 차홍과 살 바에야 월세가 비싸도 혼자 살 거야.

① 영수의 부모님은 모두 의사다. 그래서 영수가 의대에 진학하기를 바란다. 물론 영수의 성적은 의대를 진학할 수 있을 정도로 훌륭하다. 하지만 영수는 의대에 가고 싶은 마음이 전혀 없다. 영수는 의대에 가는 것보다는 차라리 고등학교를 졸업하고 곧 바로 취직을 하는 것이 더 낫다고 생각한다.

영수:

② 미선이는 10년을 사귄 영수와 헤어졌다. 물론 두 사람은 결혼 약속을 할 정도로 진지하게 만나왔으나 얼마 전 영수가 미선이에게 거짓말을 하고 친구들과 여행을 갔고 그 과정에서 두 사람의 신뢰가 무참하게 깨진 것 같다. 미선이는 혼자 살겠다며 영수와 헤어진 것이다.

미선 :

③ 영수는 다이어트를 하기 위해서 열심히 노력을 한다. 그런데 너무 먹지 않고 운동만 해서 영수의 건강이 점점 나빠지고 있다. 그런 영수를 보고 있는 미선이는 건강을 나쁘게 만드는 다이어트는 히지 않는 것이 닛다머 밀을 한다.

미신:

④ 스트레스는 건강에 아주 나쁘다. 그런데도 영수는 스트레스를 받으면서 공부를 한다. 물론 공부를 하면서 스트레스를 전혀 안 받을 수는 없다. 하지만 영수처럼 공부 때문에 너무 많은 스트레스를 받고 건강이 나빠지는 것이 눈에 보이는 상황에서 더는 공부를 할 이유가 없다. 차라리 그만두는 것이 훨씬 낫다.

미선:

⑤ 나는 식당에서 라면을 사 먹는 돈이 너무 아깝다. 식당에서 사 먹는 라면은 적어도 5,000원이다. 그런데 그 돈이면 마트에서 라면을 5개 이상은 살 수 있다. 그리고 맛도 크게 차이가 나지 않는다.

나:

92 | 을 법하다

1. 다음 빈칸을 채워 문장을 완성하시오.

① 지금쯤 영수에게서 전화가 _____ 아직 아무런 소식도 없다.

② 그렇게 공부를 했으면 _____ 영수는 아직도 취업을 못했다.

③ 그렇게 약을 먹고 병원에 다녔으면 _____ 전혀 좋아지지 않는다.

④ 한국에서 5년이나 살았으면 한국생활에 _____ 아직도 영수는 한국생활이 어색하다고 한다.

⑤ 부전자전이라고 농구 선수인 아버지를 보면 영수도 _____ 영수는 농구를 전혀 못한다.

2. 다음 빈칸을 채워 대화를 완성하시오.

① 영수: 차홍은 여자친구와 헤어진 지 4년이 됐어. 그런데도 아직 잊지 못하고 힘들어 해.
    미선: 헤어진 지 4년이 됐으면 _____ 난 차홍을 이해할 수가 없어.

② 영수: 난 차홍과 알고 지낸 지 20년이 지났는데 아직도 차홍의 생각을 모르겠어.

　　미선: 알고 지낸 지 20년이 지났으면 ＿＿＿＿＿＿＿＿＿＿＿ 친구의 속마음을

　　　　　잘 모른다면 진정한 친구기 아니지 않을까?

③ 영수: 미선아, 너 남자친구와 사귄지 얼마나 됐어?

　　미선: 10년쯤 됐어. 왜?

　　영수: ＿＿＿＿＿＿＿＿＿＿＿＿ 너는 그 사람과 결혼 이야기를 한 적이 없어?

④ 영수: 하루에 2시간씩 운동을 하는데도 살이 빠질 생각을 안 해.

　　미선: 너처럼 열심히 운동을 하면 ＿＿＿＿＿＿＿＿＿ 살이 안 빠지는 걸 보면

　　　　　너의 식사 습관이 문제가 아닐까?

⑤ 영수: 차홍은 어제 새벽 4시까지 술을 마셨는데도 오늘 수업에 늦지 않고 들어와서는

　　　　　발표까지 하고 갔어. 정말 대단해.

　　미선: 정말? 새벽 4시까지 술을 마셨으면 ＿＿＿＿＿＿＿＿＿＿ 차홍은 정말

　　　　　대단하다.

93 │ 을 뿐더러

1. 다음 빈칸을 채워 문장을 완성하시오.

① 이 식당은 음식의 맛이 _____ 직원들도 친절합니다.

② 영수는 재능이 _____ 꾸준히 노력하는 학생입니다.

③ 그 회사 지갑의 디자인은 _____ 가격도 괜찮은 편이에요.

④ 김 교수님의 수업은 _____ 숙제도 많아서 학생들이 힘들어 해요.

⑤ 그 의사에게 진료를 받는 것은 _____ 예약하기도 힘들다.

2. 다음 대화를 완성하시오.

① 영수: 미선아, 배낭여행은 어땠어?

　　미선: 정말 최고였어. 내가 간 모든 곳은 _____ 사람들노 신실해서

　　　　좋은 기억만 남길 수 있었어.

② 사회자: 교수님, 그렇다면 지구 온난화가 미래 사회에 악영향을 미칠 수 있다는 말씀이신가요?

　교수: 그렇습니다. 지구 온난화는 기후 변화의 _____ 생태계 파괴의 직접적인 원인이 될 겁니다.

③ 사회자: 교수님, 그렇다면 과식과 폭식은 건강에 나쁜 영향을 준다는 것이 사실인가요?

　의사: 그렇습니다. 과식과 폭식은 _____ 소화도 방해하기 때문에 결코 좋은 습관이 아닙니다.

④ 사회자: 사장님, 새롭게 출시된 핸드폰의 장점은 무엇입니까?

　사장: 이 핸드폰은 검색 속도가 _____ 편리하게 휴대할 수 있습니다.

⑤ 사회자: 운동의 장점은 여러 가지가 있다고 하셨는데 몇 가지만 소개해 주시지요.

　트레이너: 운동은 개인의 자신감을 _____ 건강에도 큰 도움이 된다는 것은 운동을 해 본 사람만이 알고 있는 가장 큰 장점 중 하나입니다.

94 | 을 지언정

1. 다음 빈칸을 채워 대화를 완성하시오.

① 내가 회사를 _____ 부장님에게 사과를 하지는 않겠어.

② 수술을 받다가 _____ 끝까지 치료는 받아 보려고 해요.

③ 나는 남자친구와 _____ 10년 동안 친구로 지낸 영수와 연락을 끊을
수는 없어요.

④ 시험 점수가 나빠서 _____ 부정행위를 하면서 시험을 볼 생각은
없어.

⑤ 그 사람에게 고발을 _____ 끝까지 진실을 알릴 수 있도록 노력하겠
어요.

2. 다음을 읽고 보기와 같이 문장을 완성하시오.

① 미선이는 술을 너무 좋아한다. 술을 마시면 스트레스를 풀 수 있고 술자리를 통해 사람들과 친해질 수 있기 때문이다. 그렇지만 요즘 많은 언론에서 술이 건강에 나쁘다고 말을 한다. 하지만 미선이는 술을 끊을 생각이 없다. 술이 건강에 나쁘다고 해도 미선이에게 술은 장점이 더 많기 때문이다.

미선:

② 신문사에서 기자로 일하는 영수는 대기업의 횡포로 생계가 힘든 비정규직 근로자들을 취재하고 있다. 이 사실을 알게 된 대기업의 임원은 영수에게 취재를 멈추지 않으면 법적인 조취를 취하겠다고 했다. 하지만 영수는 자기가 고발을 당하게 되어도 근로자들을 위한 취재를 절대 멈추지 않겠다고 다짐했다.

영수:

③ 영수는 큰 병에 걸렸다. 수술을 받아도 치료를 할 가능성이 매우 낮다고 한다. 그렇지만 수술 비용은 아주 많이 필요하고 치료 과정이 너무 힘들다고 한다. 그래서 의사는 영수에게 수술을 하지 말자고 말을 했다. 그러나 영수는 수술을 받다가 죽어도 끝까지 최선을 다 하고 싶다고 말을 한다.

영수:

④ 운동선수인 영수는 약을 먹으면 성적이 좋아질 수 있다는 유혹을 받았다. 올림픽이 얼마 남지 않은 상황에서 그 유혹이 너무 달콤했다. 하지만 영수는 그 유혹을 거절했다. 비록 성적이 나빠도 한 아이의 아빠로서 부끄럽지 않고 싶었기 때문이다.

영수:

⑤ 회사에서 오랜 시간 따돌림을 당한 영수는 증거 자료를 수집하여 인터넷에 올렸다. 그 이후 영수에게 부서원들이 연락을 해서 당장 사진과 영상을 내리지 않으면 영수를 경찰에 고소할 것이라고 경고했다. 하지만 영수는 그럴 생각이 전혀 없다. 고소를 당해서 회사를 그만두게 되어도 그 사람들의 잘못을 분명히 세상에 알리고 싶기 때문이다.

영수:

⑥ 영수는 미선이와 싸웠다. 미선이의 말을 믿고 발표를 준비했지만 미선이는 발표 준비를 전혀 하지 않고 수업에 왔다. 그래서 영수의 조는 발표를 하지 못하고 점수도 받지 못했다. 그래서 영수는 미선이에게 화가 아주 많이 났다. 며칠 뒤 미선이가 영수에게 사과를 하고 싶다고 했지만 영수는 지금 미선이를 만날 생각이 전혀 없다고 한다.

영수:

⑦ 대기업 대리로 근무하는 영수는 경쟁 업체에서 회사 연구 기밀을 빼서 전달해 달라는 요청을 받았다. 큰 돈을 벌 수 있는 기회라고 영수를 회유했다. 하지만 영수는 회사 사람들이 열심히 노력한 연구 결과물을 빼낼 생각이 전혀 없다. 함께 근무한 동료들을 배신할 수 없기 때문이다.

영수:

95 | 을 테지만

1. 다음 빈칸을 채워 문장을 완성하시오.

① 영수야, 지금은 _____ 노력을 하다가 보면 반드시 성공할 수 있을 거야.

② 어제 잠을 못자서 _____ 과제는 반드시 해야 한다.

③ 두 사람이 싸워서 기분이 _____ 조별 모임이 있으니 꼭 참석하세요.

④ 영수 씨, 학업과 일을 병행하는 탓에 많이 _____ 열심히 수업에 참석해 주셔서 정말 고마워요.

⑤ 영수 씨, 바이러스에 걸려서 많이 _____ 지금은 휴가를 줄 수가 없어요. 일손이 전혀 없기 때문이에요.

2. 다음을 읽고 보기와 같이 문장을 완성하시오.

> **보기**
>
> 영수는 일을 하지 않는다. 하지만 부모님이 부자라 부모님의 돈으로 항상 풍족하게 생활한다. 부모님은 이런 영수가 걱정이다. 지금은 부모님이 영수를 지켜줄 수 있지만 언제까지 영수를 도와줄 수는 없다고 생각하기 때문이다.
>
> 부모님: 영수야, 당장은 내가 너를 지켜줄 테지만 언제까지나 너를 도와줄 수는 없어.

① 요즘 시험 기간이라 학생들이 힘들어한다. 수업에 집중도 못하고 엎드려서 수업을 듣는다. 시험 공부를 하는 탓에 힘든 것을 알고 있다. 그래서 화가 나지는 않는다. 그런데 오늘 수업은 정말 중요하다. 힘들어도 꼭 집중해서 들어야 시험을 어렵지 않게 볼 수 있기 때문이다.

교수님:

② 영수는 10년을 사귄 여자친구와 헤어졌다. 그래서 너무 슬프고 힘들다. 그런 모습을 본 부장님은 공적인 공간인 회사에서 힘들어하는 영수를 더는 용서할 수 없다고 판단했다. 회사는 개인의 감정을 우선시 해서는 안 되는 곳이기 때문이다.

부장:

③ 고등학교 3학년인 영수는 수능 시험이 끝나고 놀기만 한다. 하지만 영수가 진학하려는 학교는 수능 점수뿐만 아니라 면접시험, 논술 시험도 보기 때문에 마냥 놀 수만은 없다.

엄마;

④ 세계적으로 유행을 한 바이러스 때문에 마스크를 쓰고 수업을 하는 학교가 많아졌다. 하지만 마스크를 쓰는 것에 익숙하지 않은 사람들은 마스크를 쓰고 수업을 듣기가 힘들다며 항의하기도 한다. 하지만 마스크를 쓰는 것은 모두에게 도움이 되는 행위이기 때문에 힘들어도 마스크 착용을 권유하고 있다.

선생님:

⑤ 김 교수는 지구 온난화가 가지고 올 위험이 알려진 것보다 심각하다는 내용의 논문을 발표하려고 한다. 지구 온난화에 대한 경각심은 모두가 알고 있지만 실제로 알려진 사실보다 더욱 위험한 연구 내용을 알리고 싶기 때문이다.

김 교수:

96 ┃ 을 토대로

1. 다음 빈칸을 채워 문장을 완성하시오.

① 영수는 지난 1년 동안 교수님에게 _____ 회사의 첫 미팅을 완벽하게 마칠 수 있었다.

② 영수는 대학 진학을 포기하고 등록금을 _____ 사업을 시작했다.

③ 우리는 기존의 수많은 _____ 바이러스의 치료약을 개발할 수 있었다.

④ 우리 회사는 고객들의 _____ 만족도가 높은 서비스를 제공하게 됐다.

⑤ 그 범인은 지금까지 수집된 _____ 경찰에 검거되었다.

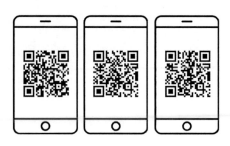

1. 다음 문장에서 {-음}과 {-기}를 활용하여 빈칸을 채워 문장을 완성하시오.

① 행복에서 돈의 _____과 _____ 중요하지 않아요.

② 나이가 많고 _____을 떠나서 누구나 중요한 사람입니다.

③ 어제 영수는 학교에 가지 _____

④ 그는 연세대학교 선생님이 _____

⑤ 오늘은 수업 시간에 늦지 말고 일찍 _____ 약속 해!

2. 다음을 읽고 보기와 같이 바꿔 문장을 완성하시오.

> **보기**
>
> 영수야, 오늘 아빠가 너의 학교 근처에서 회식을 해. 너와 같이 집에 가고 싶은데 <u>수업이 끝나면 연락해!</u> 아빠가 데리러 갈게!
> → 오늘 수업이 끝나면 연락을 하기.

① 오늘 학교에 늦지 말고 일찍 가세요!

→

② 늦으면 꼭 회사에 연락을 해야 합니다!

→

③ 나는 오늘 술을 마시기 싫어요.

→

④ 친구들과 싸우지 마세요.

→

⑤ 술을 마시면 절대 운전하면 안 됩니다.

→

⑥ 내일 꼭 일찍 일어나세요! 또 지각하면 안 돼요!

→

⑦ 나는 영수가 너무 싫어. 이 사실은 영수에게는 비밀이에요.

→

⑧ 이 음식이 너무 매워서 먹기가 힘들어.

→

⑨ 이 핸드폰은 너무 비싸요. 사지 마세요.

→

⑩ 늦으면 안 된다. 늦으면 꼭 연락해!

→

98 │ 자면

1. 다음 빈칸을 채워 문장을 완성하시오.

① 서울에서 집을 _____ 5년은 더 거릴 것 같다.

② 영수가 건강을 _____ 더 많은 치료와 노력이 필요해요.

③ 미성년자인 영수가 학교를 그만두고 싶어 해요. 하지만 규정상 _____ 부모님의
동의가 필요합니다.

④ 오늘까지 배운 내용을 _____ 다음과 같습니다.

⑤ 내 고민을 너에게만 먼저 _____ 회사 생활이 너무 힘들다는 거야.

2. 다음 빈칸을 채워 대화를 완성하시오.

① 영수: 나는 그 회사에 취직을 하고 싶어.

미선: 그 회사는 대한민국의 최고잖아. 그 회사에 _____ 학점이 정말
중요해요.

② 영수: 난 한국에 적응하기가 너무 힘들다.

　미선: 넌, 한국 문화에 대한 반감이 있잖아. ＿＿＿＿＿＿ 한국 문화를 싫어하는
　　　　 태도부터 고쳐야 돼!

③ 영수: 그 식당에서 이번 크리스마스에 밥을 먹을 수 있을까?

　미선: 그 식당은 너무 유명하잖아. ＿＿＿＿＿＿ 한 달 전에는 예약을 해야 돼.

④ 영수: 살을 빼고 건강을 유지하고 싶어.

　미선: ＿＿＿＿＿＿＿ 규칙적인 식사 습관과 운동이 필요해.

⑤ 영수: 교수님 오늘의 수업 내용을 한국 문화의 특징과 장단점으로 요약할 수 있을
　　　　 까요?

　교수: 네, 맞아요. 오늘 배운 수업 내용을 ＿＿＿＿＿＿＿＿＿＿＿＿＿＿

99 | 적이다

1. 다음 빈칸을 채워 문장을 완성하시오.

① 영수의 웃는 모습은 정말 _____

② 영수의 공부 방식은 정말 _____

③ 마스크의 착용은 바이러스 예방에 가장 _____ 것 같다.

④ 사장님은 부장님의 새로운 계획에 부정적인 태도를 보이셨다. 그래서 아마 새로운 계
  획은 실현되지 않을 것 같다. 사장님은 부장님의 계획에 _____ 입장을
  보였다.

⑤ 한국의 경제는 10년 동안 _____으로 성장하고 있다.

⑥ 그 일은 처음부터 가능한 일이 아니다. _____으로 불가능하다.

⑦ 회사 업무에 다한 영수와 차홍의 태도는 너무 다르다. 두 사람의 _____ 태노
  로 부장님은 결정을 못하고 있다.

⑧ 두 나라는 결국 전쟁을 선포했다. 두 나라의 _____ 선택으로 세계는 큰 위기에 봉착했다.

⑨ 고정관념을 깨고 _____ 태도로 임해야 합니다.

⑩ 다른 사람들이 생각하지 못하는 특별하고 _____ 생각이 필요합니다.

⑪ 사람들은 개방적인 사고만 좋아하고 _____ 사고는 틀렸다고 말을 하지만 내 생각은 다르다.

⑫ 홍수, 지진, 태풍 등의 재난 사고는 개인이 예방할 수 있는 것이 아니다. 이는 _____ 차원의 대비가 필요하다.

100 | 차에

1. 다음 빈칸을 채워 문장을 완성하시오.

① 영수에게 _____ 때마침 영수에게서 전화가 왔다.

② 영수가 _____ 미선이가 도시락을 싸 가지고 왔다.

③ 영수는 _____ 엄마가 공부하라고 잔소리를 해서 짜증이 났다.

④ 영수는 _____ 차홍의 제안으로 같이 운동을 하기 시작했다.

⑤ _____ 출입국관리사무소에서 연장과 관련된 메일을 보냈다.

2. 다음을 읽고 보기와 같이 문장을 완성하시오.

> **보기**
>
> 영수는 배가 고파서 밥을 먹으려고 한다. 그런데 미선이가 와서 같이 밥을 먹으러 가자고 했다.
>
> : 영수가 밥을 먹으려던 차에 미선이에게 전화가 왔다.

211

① 영수는 대학교 합격 발표 때문에 걱정을 했다. 그런데 오늘 대학교에서 전화가 왔고 합격했다는 통보를 받았다.

:

② 영수는 숙제를 다 하고 조금 쉬고 있다. 이제 그만 쉬고 시험공부를 하려고 하는데 엄마가 영수에게 공부를 하라고 잔소리를 해서 기분이 상했다.

:

③ 영수는 오늘 저녁을 준비하는 것이 너무 귀찮다. 그때 미선이가 전화가 와서 밖에서 같이 밥을 먹자고 했다.

:

④ 영수는 고향으로 돌아간 미선이에게서 연락이 없어서 궁금해 한다. 그렇게 며칠을 지내다가 차홍을 통해서 미선이의 안부를 들을 수 있었다.

:

⑤ 영수는 아르바이트를 그만둬서 요즘 돈이 부족하다. 그때 마침 차홍이 새로운 일자리를 제안했다.

:

정답

01 거니와

1-① 보수도 중요하거니와

1-② 맛도 다르거니와 / 달라요

1-③ 편리하거니와 / 싸서

1-④ 속도도 빠르거니와 / 예뻐서(좋아서)

1-⑤ 다르거니와 / 달라서

2-① 있거니와 / 똑똑해서

2-② 근무환경/ 나쁘거니와 / 나빠서 그만뒀어요.

2-③ 돈도 돈이거니와 / 경험도 쌓고 싶어서

2-④ 식사문화도 다르거니와 / 많이 달라요

2-⑤ 성격도 다르거니와 많이 달라서 만나기가 너무 힘들어요.

2-⑥ 외우는 것 / 중요하거니와 / 연습하는 것도

02 건대

1-① 내가 확실하게 말을 하건대 너 그렇게 행동하면 사람들이 절대 너를 믿지 않을 거야.

1-② 내가 추측하건대 영수의 행동이 나쁜 결과를 가지고 올 것이야.

1-② 내가 예상하건대 이번 올림픽에서 영수가 메달을 획득할 거야.

1-④ 내가 분명하게 말을 하건대 그런 행동은 정말 무례한 행동이야.

1-⑤ 내가 자신 있게 말을 하건대 그렇게 행동을 한다면 너 주변 사람들이 모두 싫어할 거야.

2-① 장담하건대 / 합격할 수 없어.

2-② 장담하건대 / 꿈을 이룰 수 있을 거예요.

2-③ 감히 단언하건대

2-④ 보건대

2-⑤ 부탁하건대

03 게끔

1-① 하게끔

1-② 이어가게끔

1-③ 잘 보게끔

1-④ 듣게끔

1-⑤ 결과를 얻게끔

1-⑥ 후회하게끔

1-⑦ 나누게끔

1-⑧ 살 수 있게끔

1-⑨ 이룰 수 있게끔

1-⑩ 늦지 않게끔

2-① 일찍 일어나게끔

2-② 좋은 점수를 받을 수 있게끔

2-③ 불합격하지 않게끔

2-④ 잊어버리지 않게끔

2-⑤ 적응할 수 있게끔

2-⑥ 갈 수 있게끔

04 겠거니 하다

1-① 쉽겠거니 하고

1-② 춥겠거니 하고

1-③ 늦겠겠거니 하고

1-④ 이야기를 전하겠거니 하고

1-⑤ 맛있겠거니 했다.

1-⑥ 좋겠거니 하고 샀다.

1-⑦ 쉬겠거니 했는데

2-① 먹고 오겠거니 하고 밥을 안 했지.

2-② 다닐 수 있겠거니 했는데

2-③ 충분히 살 수 있겠거니 했는데

2-④ 따뜻하겠거니 했는데

2-⑤ 파란색을 좋아하겠거니 하고 샀어.

05 겠냐마는

1-① 영수가 술을 마셨으니까 운전을 하겠냐마는 운전을 한다면 신고하세요.

214

1-② 영수가 헤어지자고 말을 하겠냐마는 헤어지자고 하면 먼저 사과는 하세요.

1-③ 나쁜 일이 생겼겠냐마는 혹시 모르니까 전화를 합시다.

1-④ 합격할 수 있겠냐마는 포기하지는 않을 거예요.

1-⑤ 요즘 싸고 깨끗한 집이 있겠냐마는 그래도 집을 구하기 위해 노력은 할게요.

2-① 무엇을 할 수 있겠냐마는 / 무슨 도움이 되겠냐마는

2-② 합격할 수 있겠냐마는

2-③ 무슨 위로가 되겠냐마는

2-④ 중요한 게 무엇이 있겠냐마는

2-⑤ 안 할 수 있겠냐마는

06 고사하고

1-① 부탁을 고사하고   1-② 요청을 고사했다.

1-③ 권유를 고사하고   1-④ 고사하고

1-⑤ 출연 제안을 고사했다.

2-① 수입은 고사하고

2-② 집안일은 고사하고

2-③ 공부는 고사하고

2-④ 지원은 고사하고 정부의 누구도 관심조차 보내지 않습니다.

2-⑤ 어떠한 제안은 고사하고 사측과 대화도 한 번 나눈 적이 없습니다.

2-⑥ 임신한 여성이 다닐 병원은 고사하고 아파서 갈 수 있는 병원도 없습니다.

2-⑦ 에어컨은 고사하고 선풍기도 틀 수가 없습니다.

07 과언이 아니다

1-① 잘한다고 해도 과언이 아니다.

1-② 한국에서 최고라고 해도 과언이 아니다.

1-③ 최고라고 해도 과언이 아니다.

1-④ 한국에서 최고의 김치찌개라고 해도 과언이 아니다.

1- ⑤ 가장 비싸다고 해도 과언이 아니다.

1- ⑥ 교육에 달려 있다고 해도 과언이 아니다.

1- ⑦ 가장 중요하다고 해도 과언이 아니다.

1- ⑧ 한 번 나올까 말까 한 목소리라고 해도 과언이 아니다.

1- ⑨ 비교해서 가장 큰 위기라고 해도 과언이 아니다.

1- ⑩ 결정이 났다고 해도 과언이 아닌 것을 보여준다.

2- ① 한국 최고의 선수라고 해도 과언이 아닙니다.

2- ② 최고라고 해도 과언이 아닙니다.

2- ③ 가장 필요한 조건이라고 해도 과언이 아닙니다.

2- ④ 가장 큰 위기라고 해도 과언이 아닙니다.

2- ⑤ 한류가 세계 문화의 정점에 있다고 해도 과언이 아닙니다.

08 그냥 - 겠거니 하다

1- ① 잘하겠거니 했어   1- ② 힘들겠거니 했어

1- ③ 힘든 일이 있겠거니 하고   1- ④ 맵겠거니 했어요

1- ⑤ 급하겠거니 했어요.

2- ① 그냥 급한 있이 생겼겠거니 하고

2- ② 힘들겠거니

2- ③ 합격하겠거니 하고 원서를 내는 거야.

2- ④ 하겠거니

2- ⑤ 좋은 일이 생기겠거니 하고

09 그로 인해

1- ① 많은 사고가 발생하고 있습니다.

1- ② 침체되고 있습니다.

1- ③ 중요하게 생각하는 사람들이 점점 증가하고 있습니다.

1- ④ 그로 인해/ 마비되었습니다.

1- ⑤ 그로 인해 / 힘들어지고 있습니다.

1- ⑥ 그로 인해 / 떨어지고 있습니다.

1- ⑦ 그로 인해 / 곳곳에서 발생하고 있습니다.

1- ⑧ 그로 인해 / 받고 있습니다.

1- ⑨ 그로 인해 / 은퇴를 선언했습니다.

1- ⑩ 그로 인해/ 급증하고 있습니다.

1- ⑪ 그로 인해 / 피해가 발생했습니다.

1- ⑫ 그로 인해 / 겪었습니다.

1- ⑬ 그로 인해 / 달성했습니다.

10 기 그지없다

1- ① 무식하기   1- ② 위험하기

1- ③ 불행하기   1- ④ 나쁘기

1- ⑤ 수상하기

2- ① 수상하기 그지없어서 경찰은 그 남자를 계속 지켜봤고 범죄를 예방할 수 있었다.

2- ② 안타깝기 그지없었고 사고를 예방할 수 없었을까 하는 아쉬움도 많이 남았다.

2- ③ 유치하기 그지없다.

2- ④ 화려하기 그지없었다.

2- ⑤ 우아하기 그지없어서 눈을 뗄 수가 없었다.

11 기 나름이다

1- ① 열심히 하기 나름입니다.   1- ② 생각하기 나름입니다.

1- ③ 관리하기 나름입니다.   1- ④ 사용하기 나름입니다.

1- ⑤ 생각하기 나름입니다.

2- ① 노력하기 나름이야   2- ② 관리하기 나름인 것 같아.

2- ③ 행동하기 나름이야.   2- ④ 마음 먹기 나름입니다.

2- ⑤ 집중하기 나름이야.

12 기가 무섭게

1-① 수업이 끝나기가 무섭게 교실에서 나갔다.

1-② 만나기가 무섭게 화를 냈다.

1-③ 시작되기가 무섭게 거래량이 증가했다.

1-④ 새해가 되기가 무섭게 한 달이 지난 것 같다.

1-⑤ 가게에 들어오기가 무섭게 팔린다.

2-① 하기가 무섭게 울더라.

2-② 만나기가 무섭게

2-③ 하기가 무섭게

2-④ 열기가 무섭게 뛰어가더라.

2-⑤ 시작하기가 무섭게 품절이 됐대.

13 기는커녕

1-① 자기가 먹은 그릇을 치우지도 않아요.

1-② 점심을 먹을 시간도 없어요.

1-③ 나를 보면 인사도 안 해요.

1-④ 걷는 것도 힘들어요.

1-⑤ 문법 설명도 못해서 힘들어 해요.

2-① 90점은커녕 통과도 못했어.

2-② 재미는커녕 밥도 제대로 못 먹었어.

2-③ 고백은커녕 내 이름도 몰라.

2-④ 다이어트는커녕 살이 더 찌고 있어.

2-⑤ 아침은커녕 너무 바빠서 점심을 먹을 시간도 없어.

14 기는 하니

1-① 공부를 하기는 해요?   **1-②** 미안하기는 해?

1-③ 비가오기는 해?   1-④ 아프기는 해?

1-⑤ 다이어트를 하기는 하니?

2-① 미선아, 너 나에게 미안하기는 해?

2-② 술을 안 마시기는 해요?

2-③ 공부를 하기는 해요?

2-④ 출근하기는 하니?

2-⑤ 시험을 보기는 하니?

15 기는요

1-① 바쁘기는요.   1-② 아프기는요.

1-③ 영수를 싫어하기는요.   1-④ 미안하기는요.

1-⑤ 굶고 다니기는요.

2-① 힘들기는요. 다른 사람들도 모두 하는 건데요. 하나도 힘들지 않아요.

2-② 열심히 공부를 하기는요. 시험이 있어서 공부를 하는 것뿐이에요.

2-③ 잘하기는요. 저보다 잘하는 사람들이 얼마나 많은데요.

2-④ 친절하기는요. 영수 씨가 좋게 봐주는 거예요.

2-⑤ 성격이 좋기는요. 알고 보면 성격이 정말 나쁜 사람이에요.

2-⑥ 싸기는요. 학생 식당치고는 비싼 편이에요.

2-⑦ 좋은 사람이기는요. 학생들에게 화를 얼마나 잘 내는데요.

2-⑧ 포기하기는요. 그동안 열심히 공부한 시간이 아깝게 왜 포기를 하세요?

2-⑨ 바보이기는요. 영수 씨가 얼마나 똑똑한 사람인데요.

2-⑩ 죄송하기는요. 저도 방금 왔어요.

16 기만 해

1-① 술을 마시기만 해 보세요.   1-② 운전을 하기만 해.

1-③ 하기만 해.   1-④ 때리기만 해.

1-⑤ 피우기만 하세요.

2-① 영수야 또 약속을 안 지키고 연락도 없기만 해. 그때는 너를 다시는 안 만날 거야.

2-② 술을 마시고 또 사람과 싸우기만 해.

2-③ 또 술을 마시고 외박을 하기만 해. 그때는 용서하지 않을 거야.

2-④ 공부도 안 하고 놀기만 해!

2-⑤ 영수 씨, 또 늦기만 하세요. 그때는 징계를 내리겠습니다.

17 기에 따라

1-① 노력하기에 따라   1-② 마음먹기에 따라

1-③ 오기에 따라   1-④ 학년에 따라

1-⑤ 급에 따라

2-① 운동을 하기에 따라 달라질 것 같아.

2-② 마음 먹기에 따라 달라지는 것 같아.

2-③ 노력하기에 따라 성적은 충분히 달라질 수 있을 거라고 생각해.

2-④ 개인의 건강에 따라 다른 것 같아요.

2-⑤ 노력하기에 따라 부자가 되는 것은 누구에게나 가능합니다.

18 기에 망정이지

1-① 있었기에 망정이지   1-② 마스크를 사두었기에 망정이지

1-③ 버스를 놓쳤기에 망정이지   1-④ 공부를 했기에 망정이지

1-⑤ 예약을 했기에 망정이지

2-① 미리 준비를 했기에 망정이지 그렇지 않았으면 합격하지 못했을 거야.

2-② 깔았으니까 망정이지 하마터면 핸드폰을 못 찾을 뻔했어.

2-③ 미선이가 있었기에 망정이지

2-④ 저장했으니까 망정이지 / 과제가 모두 지워져서 큰일이 났을 거야.

2-⑤ 정기적으로 받았으니까 망정이지 / 큰 병으로 발전했을 거야.

19 긴, - 가 봐요.

1-① 잘하긴 잘하나 봐요.   1-② 맛있긴 맛있나 봐요.

1-③ 돈이 많긴 많은가 봐요.   1-④ 운동을 잘하긴 잘하나 봐요.

1-⑤ 취하긴 취했나 봐요.

2-① 저 드라마가 재미있긴 재미있나 봐요.

2-② 차를 자주 바꾸는 것을 보니까 / 돈이 많긴 많은가 봐요.

2-③ 높은 것을 보니까 / 월급이 많기는 많은가 봐요.

2-④ 검은색 옷을 입는 것을 보니까 / 검은색을 좋아하긴 좋아하나 봐요.

2-⑤ 아픈 것을 보니까 정말 아프긴 아픈가 봐요.

2-⑥ 마스크를 벗고 다니는 사람들을 보니까 코로나가 끝나긴 끝났나 봐요.

2-⑦ 출산율이 떨어지긴 떨어졌나 봐요.

20 나라고 왜 ~ 지 않겠어

1-① 나라고 왜 아르바이트를 하고 싶지 않겠어. 하지만

1-② 나라고 왜 결혼을 하고 싶지 않겠어. 하지만

1-③ 나라고 왜 성적을 올리고 싶지 않겠어. 그런데

1-④ 나라고 왜 건강을 챙기고 싶지 않겠어. 그런데 건강을 챙길 시간이 없어.

1-⑤ 나라고 왜 일찍 자고 싶지 않겠어요. 하지만 숙제 때문에 일찍 잘 수가 없어요.

1-⑥ 나라고 왜 술을 끊고 싶지 않겠어. 하지만

1-⑦ 나라고 왜 밖에 나가고 싶지 않겠어.

1-⑧ 나라고 왜 날마다 오고 싶지 않겠어요. 그런데 요즘 너무 힘들어서 어쩔 수 없어요.

21 날에는

1-① 아는 날에는 다시는 만나지 않을 거야.

1-② 때리는 날에는 사람이 아니야.

1-③ 날에는 정말 감옥에 갈 줄 알아!

1-④ 날에는 / 간다! (바꾼다)

1-⑤ 받는 날에는 / 포기하겠어.

2-① 한 번만 더 사람을 때리는 날에는 퇴학을 시킬 거예요.

2-② 술과 담배를 끊지 않는 날에는 당장 죽을 수도 있어요.

2-③ 내가 다시 음주운전을 하는 날에는 사람이 아니야. 정말 미안해.

2-④ 이 바이러스가 계속되는 날에는 국가의 경제는 계속 나빠질 수밖에 없습니다.

2-⑤ 인권을 침해하는 행위를 계속 하는 날에는 법적인 책임을 묻겠습니다.

22 너가 그러니까

1-① 사람들이 너를 믿지 않고

1-② 담임이 그러니까 학생들이 열심히 공부를 안 하지

1-③ 너가 그러니까 뚱뚱한 거야.

1-④ 너가 그러니까 교수님이 화를 내시는 거야.

1-⑤ 이 식당은 항상 이러니까 손님이 없는 거야.

23 너무하다

1-① 너무 하지 않아?

1-② 너무한

1-③ 여자친구가 있는데 다른 사람을 만난 영수가 정말 너무한 것 같아.

1-④ 값이 너무한 거 아니니?

1-⑤ 너무하다고 생각해.

2-① 너 정말 너무해.   2-② 너무하게

2-③ 너무한다.   2-④ 너무하게 행동해서

2-⑤ 너무한 집이네/ 해도 해도 너무하네

24 노라면

1-① 사노라면   1-② 걷고 있노라면

1-③ 있노라면   1-④ 지내노라면

1-⑤ 먹고 있노라면   1-⑥ 보고 있노라면

1-⑦ 듣고 있노라면

25 느니만 못하다

1-① 혼자 공부하느니만 못한 것 같아

1-② 만들어 먹느니만 못해

1-③ 운동을 안 하느니만 못해

1-④ 혼자 사느니만 못하다고 말을 한다.

1-⑤ 없느니만 못해.

2-① 치료를 안 받느니만 못하게 됐어

2-② 가난하게 사는 것이 죽느니만 못하다고 생각한 탓이겠지.

2-③ 회사를 그만두느니만 못해.

2-④ 죽느니만 못해/ 없느니만 못해

2-⑤ 일을 안 하느니만 못한 금액이잖아. 그런 회사는 그만두느니만 못해.

26 느라고

1-① 공부하느라고 / 숙제를 하느라고

1-② 공부하느라고

1-③ 사느라고

1-④ 아르바이트를 하느라고

1-⑤ 나이어트를 하느라고

2-① 마련하느라고

2-② 공부를 하느라고

2-③ 어제 숙제를 하느라고 늦게 잤어.

2-④ 자느라고

2-⑤ 공부를 하느라고

27 는 한

1-① 공부하지 않는 한   1-② 존재하는 한

1-③ 졸업하지 않는 한   1-④ 마시는 한

1-⑤ 계속하는 한

2-① 모든 사람들이 노력하지 않는 한

2-② 바뀌지 않는 한

2-③ 높아지지 않는 한 고령화 현상은 막을 수 없을 겁니다.

2-④ 죽지 않는 한/ 살아 있는 한

2-⑤ 이변이 없는 한

28 다 못해1

1-① 춥다 못해   1-② 피곤하다 못해

1-③ 더럽다 못해   1-④ 짜다 못해

1-⑤ 비싸다 못해

2-① 아프다 못해

2-② 아프다 못해 다리가 끊어질 것 같아

2-③ 맵다 못해 입에서 불이 날 것 같아

2-④ 부르다 못해 터질 것 같아

2-⑤ 고프다 못해 등에 붙을 것 같아

29 다 못해2

1-① 졸리다 못해 쓰러질 것 같아요.

1-② 자고 싶다 못해 죽고 싶은 마음이에요

1-③ 어렵다 못해 화가 날 것 같아요.

1-④ 멀다 못해 차로 가도 한참 걸려요.

1-⑤ 지루하다 못해 잠이 들겠어요.

1-⑥ 쉽다 못해 하품이 날 것 같아요.

1-⑦ 음식이 넘치다 못해 버릴 것 같아요.

1-⑧ 작다 못해 앉을 곳도 없어요.

30 다가도

1-① 좋/ 비가 와요   1-② 춥다가도

1-③ 순하다가도   1-④ 공부를 안 하다가도

1-⑤ 알다가도 모르겠어요.

2-① 좋다가도

2-② 포기하고 싶다가도

2-③ 힘들다가도 아이가 웃으면 기분이 좋아

2-④ 춥다가도 오후만 되면 더워지더라.

2-⑤ 좋다가도 갑자기 비가 내리는 것을 말하는 단어야.

31 다고

1-① 성공하는 것은 아니야.   1-② 행복하게 살고 있는 것은 아니야.

1-③ 힘들다고   1-④ 피곤하다고

1-⑤ 춥다고

2-① 강남에 산다고 모두 부자는 아니야.

2-② 한국에 있는 중소기업이라고 모두 복지가 나쁜 것은 아니야.

2-③ 한국 사람이라고 모두 매운 음식을 잘 먹는 것은 아니다.

2-④ 돈이 많다고 모두 행복한 것은 아니야.

2-⑤ 선생이라고 모든 것을 알고 있는 것은 아니란다.

32 다고 할 수 있습니다

1-① 회사원들의 회사를 향한 마음이 회사 성장의 가장 큰 비결이라고 할 수 있습니다.

1-② 요즘은 홍대가 서울에서 가장 인기가 있는 관광지라고 할 수 있습니다.

1-③ 홍대의 문화와 음식이 홍대의 인기를 만든 이유라고 할 수 있습니다.

1-④ 갈비가 외국인들이 가장 좋아하는 음식이라고 할 수 있습니다.

1-⑤ 술을 조금만 먹으면 혈액 순환에 도움이 된다고 할 수 있습니다.

1-⑥ 건강을 위해 끊임없이 노력하는 것이 현대인의 장수 비결이라고 할 수 있습니다.

1-⑦ 기후 변화가 눈이 많이 내린 결정적인 요인으로 작용했다고 할 수 있습니다.

1-⑧ 대중문화를 잘 이해하고 대중의 취향을 가장 잘 파악한 것이라고 할 수 있습니다.

1-⑨ 한국의 경제는 앞으로도 지속적인 성장이 가능하다고 할 수 있습니다.

1-⑩ 직원 개인의 복지를 가장 중요하게 생각하는 것이라고 할 수 있습니다.

33 다는 점에서

1-① 김미선 교수는 한국인 최초의 노벨 의학상 후보가 되었다는 점에서 국민들의 관심을 모으고 있다.

1-② 이 바이러스는 아직 완벽하게 완치할 수 있는 약이 존재하지 않는다는 점에서 모두가 조심할 수밖에 없다.

1-③ 여배우의 사생활을 동의 없이 촬영한 후 인터넷에 올렸다는 점에서 기자의 행동은 비난을 피할 수 없다.

1-④ 경찰이 노인을 상대로 한 폭행이라는 점에서 큰 파문이 일고 있다.

1-⑤ 중학생이 개발한 기술이라는 점에서 사람들이 관심을 집중하고 있다.

34 다름없다

1-① 다름없다

1-② 선생님이나 다름없다

1-③ 우리 집과 다름없다

1-④ 경기에서 진 것이나 다름없다.

1-⑤ 내 차나 다름없다

2-① 다 끝난 것이나 다름없어   2-② 가족이나 다름없어

2-③ 거의 헤어진 것이나 다름없는 것 같아   2-④ 사과를 안 한 것이나 다름없어

2-⑤ 내 물건이나 다름없어

35 다손 치더라도

1-① 졸린다손 치더라도   1-② 화가 난다손 치더라도

1-③ 아무리 능력이 있다손 치더라도   1-④ 싫다손 치더라도

1-⑤ 대신 과제를 한다손 치더라도

2-① 아르바이트를 한 돈을 모두 안 쓴다손 치더라도 등록금을 벌 수는 없을 거야.

2-② 전문가들이 모여서 회의를 한다손 치더라도 빠른 시일에 약을 완성하는 것은 어려
    울 겁니다.

2-③ 아무리 아프다손 치더라도 너가 할 일은 책임을 지고 해야 하는 것 아니니?

2-④ 아무리 화가 난다손 치더라도 사람을 때리면 어떻게 해.

2-⑤ 아무리 불쌍하다손 치더라도 노력하지 않는 사람을 도와주고 싶지는 않아.

36 다시피

1-① 알다시피   1-② 확인했다시피

1-③ 공지했다시피   1-④ 알 수 있다시피

1-⑤ 보이다시피, 나타나다시피

2-① 알 수 있다시피 한국의 출산율은 점점 감소하고 있습니다.

2-② 보여주고 있다시피

2-③ 확인할 수 있다시피 음주와 흡연은 개인의 건강에 매우 나쁜 영향을 미칩니다.

2-④ 공지했다시피 내일 수업은 휴강입니다.

2-⑤ 확인할 수 있다시피 한국의 문화 사업은 지난 10년 동안 아주 크게 발전했습니다.

37 다시피 하다

1-① 새우다시피 해서 피곤하다

1-② 굶다시피 하면서

1-③ 살다시피 하면서

1-④ 죽다시피 하다가

1-⑤ 키우다시피 했어요

1-⑥ 기다시피 하고 있다

1-⑦ 포기하다시피 하고 지내요

1-⑧ 날마다 싸우다시피 하면서 지내요

1-⑨ 살다시피 해요

1-⑩ 만들다시피 했어요

1-⑪ 붓다시피 하면서

1-⑫ 끝나다시피 하고 있다.

1-⑬ 방치되다시피 하고 있다.

1-⑭ 손을 놓다시피 한 것 같다.

1-⑮ 멈추다시피 하며

38 답시고

1-① 공부를 한답시고

1-② 친목도모를 한답시고

1-③ 취업준비를 한답시고

1-④ 사업을 한답시고 / 탕진해 버렸다.

1-⑤ 교수랍시고

2-① 제 동생은 의사랍시고 저를 무시하기 때문에 저와는 사이가 나쁩니다.

2-② 미선이의 남자친구는 남자친구랍시고 미선이의 사생활을 늘 간섭했다.

2-③ 주인 아저씨는 나이가 많답시고 영수에게 계속 반말을 해서 영수는 화를 냈다.

2-④ 영수는 공부를 한답시고 친구 집에서 살더니 시험 결과는 아주 나빴다.

2-⑤ 영수는 운동을 한답시고 돈만 쓰고 지금은 운동도 하지 않는다.

39 더니

1-① 공부하더니

1-② 뚱뚱하더니

1-③ 맛있더니

1-④ 건강하시더니

1-⑤ 공부를 안 하더니

2-① 정말 맛있더니 / 맛이 하나도 없어서 잘 안 먹어.

2-② 재미있고 좋더니 / 짜증만 내서 잘 안 만나

2-③ 가는 것도 싫더니 / 활동하는 것이 너무 재미있어서 자주 가.

2-④ 키가 많이 작더니 / 키가 많이 컸어.

2-⑤ 쓰고 맛이 없더니

40 더라도

1-① 수업이 끝나더라도   1-② 나쁘더라도

1-③ 많이 주더라도   1-④ 일이 있더라도

1-⑤ 잘생기고 돈이 많더라도

2-① 잘생겼더라도   2-② 월급이 많더라도

2-③ 무슨 일이 있더라도   2-④ 몇 시간을 기다리더라도

2-⑤ 화를 내시더라도

41 던들1

1-① 아무리 아프던들   1-② 열심히 공부했던들

1-③ 운전을 하지 않았던들   1-④ 을 챙겼던들

1-⑤ 않았던들

2-① 학교를 계속 다녔던들 아내를 만나지 못했을 거예요.

2-② 젊었을 때 낭비를 하지 않았던들 지금처럼 고생하지 않았을 텐데요.

2-③ 그 뉴스를 듣지 못했던들 영수도 오늘 회사에 지각을 했을 거예요.

2-④ 가난한 집에서 태어나지 않았던들 나는 더욱 성공할 수 있었을 거예요.

2-⑤ 그때 담배를 끊었던들 건강이 나빠지는 일은 없었을 거예요.

42 던들2

1-① 열심히 공부했던들   1-② 아무리 잘 썼던들

1-③ 잘생겼던들   1-④ 갔던들

1-⑤ 주었던들/ 선물했던들

2-① 어렸을 때부터 열심히 운동을 했던들 너는 운동신경이 나빠서 유명한 운동선수가 되지는 못했을 거야.

2-② 아니, 지금부터 열심히 공부하던들 내일 시험을 잘 볼 수는 없어.

2-③ 우리가 돈이 많았던들(많던들) 행복하게 살 수는 없다고 생각해.

2-④ 너가 동생 대신 유학을 다녀왔던들 지금보다 더 좋은 회사에 취직을 할 수는 없었을 거야.

2-⑤ 아무리 월급을 아껴서 사용하던들 서울집은 비싸기 때문에 2년 뒤에 집을 사는 것은 어려울 것 같아.

43 도 나름이지

1-① 학교도 학교 나름이지   1-② 선생도 선생 나름이지

1-③ 의사도 의사 나름이지   1-④ 회사도 회사 나름이지

1-⑤ 남자친구도 남자친구 나름이지

2-① 집도 집 나름이지 작아서 눕기도 힘든 집이 무슨 집이야.

2-② 자동차도 자동차 나름이지 아주 싼 자동차를 중고로 사서 움직이지도 않아.

2-③ 가족도 가족 나름이지 차윤이 가족은 너무 오랫동안 차윤이를 힘들게 했어.

2-④ 아버지도 아버지 나름이지 그렇게 행동하는 사람이 무슨 아버지야.

2-⑤ 회사도 회사 나름이지 돈도 적고 일만 많이 시키는 회사가 무슨 회사야.

44 되

1-① 술을 더 마시되

1-② 푹 쉬되 낫지 않으면 병원에 꼭 가세요.

1-③ 아르바이트를 계속하되 힘들면 언제든지 그만둬야 한다.

1-④ 결혼을 하되 생활비는 내가 한 푼도 줄 수 없으니까 알아서 해라.

1-⑤ 시험 날짜를 바꾸되 다른 친구들보다 더 빨리 시험을 봐야 합니다.

1-⑥ 네, 운동을 하되 무리한 운동을 하면 절대 안 됩니다.

1-⑦ 네, 만져도 됩니다. 하지만 이 작품을 만지되 장갑을 끼고 조심히 만져야 합니다.

1-⑧ 네, 찍어도 됩니다. 하지만 사진을 찍되 동영상 촬영을 할 수는 없습니다.

1-⑨ 네 가지고 들어오실 수 있습니다. 하지만 음료수를 가지고 오되 정해진 곳에서만 드셔야 합니다.

45 듯 싶다

1-① 키가 큰 듯 싶다   1-② 무슨 일이 있는 듯 싶다

1-③ 사귀는 듯 싶다   1-④ 시험을 잘 못 본 듯 싶다

1-⑤ 나빠질 듯 싶다

2-① 한국 사람인 듯 싶어.

2-② 두 사람이 사귀는 듯 싶어.

2-③ 복지가 아주 좋은 듯 싶어.

2-④ 이 음식은 맵지 않아서 맛이 없을 듯 싶은데 다른 음식을 먹을까요?

2-⑤ 너희 반 친구들은 정말 사이가 좋은 듯 싶어.

46 라기보다는

1-① 친구라기보다는   1-② 강아지라기보다는

1-③ 싸웠다기보다는   1-④ 문제라기보다는

1-⑤ 고가라기보다는

2-① 영수는 머리가 좋다기보다는 열심히 노력을 하는 사람이에요.

2-② 영수가 다니는 회사가 돈을 많이 준다기보다는 절약을 해서 집을 살 수 있었어요.

2-③ 그 가수는 노래를 잘 한다기보다는 목소리가 좋은 것 같아요.

2-④ 주인공의 연기가 훌륭했다기보다는 영화의 전체적인 분위기가 더욱 영화를 집중할 수 있게 도왔다.

2-⑤ 시험이 어려웠다기보다는 문제를 풀 시간이 부족했기 때문에 점수가 나빠졌다고 생각한다.

47 마저

1-① 마저 사랑스럽다   1-② 돈마저 없다.

1-③ 힘마저 없다   1-④ 마저 나를 싫어한다.

1-⑤ 마저 놓쳐서   1-⑥ 기말시험마저 점수가 나빠서

1-⑦ 마저 추워서 감기에 걸렸다.   1-⑧ 마저 자주 피워서 / 많이 나빠졌다.

1-⑨ 마저 있어서   1-⑩ 마저 사랑한다.

1-⑪ 연기마저 잘한다.   1-⑫ 노래마저 잘한다/ 춤마저 잘 춘다.

1-⑬ 분위기마저 너무 좋다.   1-⑭ 마저 무료가 아니고 유료다.

1-⑮ 마저 나빠서 기분이 더 나쁘다.

48 마찬가지다

1-① 차홍도 나와 마찬가지야.

1-② 결과는 마찬가지야. 변하지 않아.

1-③ 어디에서 사도 가격은 마찬가지야.

1-④ 무엇을 사도 성능은 마찬가지야.

1-⑤ 운동을 해도 몸무게는 마찬가지야.

1-⑥ 어디를 가도 마찬가지야.

1-⑦ 차홍이었어도 마찬가지야. 너의 행동에 문제가 있는 것을 왜 몰라?

1-⑧ 어디에서 수업을 들어도 마찬가지야. 너가 공부를 안 하는데 무슨 상관이니?

1-⑨ 선물을 사서 갔어도 마찬가지야. 너는 추천서를 받을 자격이 안 되잖아.

1-⑩ 너가 안 떨었어도 점수는 마찬가지야. 너가 떨어서 나쁜 점수를 받은 것이 아니야.
　　　몰라서 나쁜 점수를 받은 거지.

49 만도 못하다

1-① 짐승   1-② 초등학생

1-③ 아이   1-④ 유튜브

1- ⑤ 내 동생   1- ⑥ 1급 학생

1- ⑦ 만들어서 먹는 음식   1- ⑧ 시험을 안 보는 것

1- ⑨ 안 보는 것   1- ⑩ 동생

1- ⑪ 짐승만도 못한 인간이에요.

1- ⑫ 초등학교를 다니는 아이만도 못한 행동이에요.

1- ⑬ 시도를 안 하는 것만도 못해요. 절대 포기하지 마세요.

1- ⑭ 안 먹는 것만도 못해요.

1- ⑮ 병원에 안 가는 것만도 못하게 됐어.

50 못지않게

1- ① 가수 못지않게 훌륭하다   1- ② 요리사 못지않게

1- ③ 한국 사람 못지않게   1- ④ 대기업 못지않게

1- ⑤ 화가 못지않게

2- ① 아빠의 역할도 엄마의 역할 못지않게 중요합니다.

2- ② 능력 못지않게 주변 사람들과 함께 협력하는 능력도 중요합니다.

2- ③ 환경문제 못지않게 / 중요하다고 생각합니다.

2- ④ 부모 못지않게 / 변화해야 한다고 생각합니다.

2- ⑤ 차홍 못지않게 공부를 잘하는 것을 알고 있어.

51 반면에

1- ① 나쁜 반면에

1- ② 적은 반면에 / 근무 시간이 많다.

1- ③ 내린 반면에 / 눈이 많이 오지 않았다.

1- ④ 좋은 반면에

1- ⑤ 연기가 훌륭한 반면에

2- ① 한국의 노인 인구가 증가하는 반면에 출산율이 낮은 탓에 인구의 불균형이 심화되
     고 있다.

2-② 제주도의 관광사업이 발달하는 반면에 관광객의 불만은 점점 커지고 있다.

2-③ 그 교수는 자신의 연구의 장점을 부각하는 반면 단점을 알리지 않았기에 비난을 받고 있다.

2-④ 바이러스 감염자의 수가 급격히 증가한 반면에 치료제 덕분에 사망자 수는 급격히 감소했다.

2-⑤ 그 회사는 2년 연속 흑자를 기록한 반면에 월급은 오르지 않아 직원들의 불만이 커지고 있다.

52 비롯하다

1-① 비롯하여   1-② 비롯하여 모든 음식이

1-③ 서울을 비롯하여   1-④ 서울대학교를 비롯하여

1-⑤ 핸드폰을 비롯하여 / 전자제품을 판매하고 있다.

2-① 그 백화점은 한식집을 비롯하여 일식집, 중국식당 등 다양한 취향에 따라서 이용할 수 있어서 너무 편리하다.

2-② 그 영화감독은 공상과학 영화를 비롯하여 액션 영화, 멜로 영화를 잘 만들어서 믿고 볼 수 있다.

2-③ 그 축구 선수는 슛을 비롯하여 드리블, 패스가 너무 좋아서 감독들의 스카운 대상 1순위라고 한다.

2-④ 우리 과는 김영수 교수님을 비롯하여 김미선 교수님, 홍차홍 교수님 모두 저명한 학자라서 너무 좋다.

2-⑤ 그 가수는 랩을 비롯하여 발라드를 잘하고 춤까지 너무 완벽한 가수이다.

53 사뭇

1-① 생각과 사뭇 다르다.   1-② 사뭇 다른 모습으로

1-③ 사뭇 달라졌다.   1-④ 사뭇 다른 사람처럼 보였다.

1-⑤ 사뭇 비싼 옷처럼 보였다.

54 생각 못했다

1-① 떨어질 것이라고는   1-② 그만둘 것이라고는

1-③ 사고가 날 것이라고는   1-④ 헤어지리라고는

1-⑤ 한국어를 가르치리라고는

2-① 나는 차홍이 우리 반에서 1등을 하리라고는 생각도 못했다.

2-② 나는 두 사람이 헤어질 거라고 생각조차 못했다.

2-③ 나는 갑자기 비가 내릴 거라고는 전혀 생각조차 못했다.

2-④ 나는 영수의 건강에 이상이 생기리라고는 생각도 못했다.

2-⑤ 나는 이 바이러스가 이렇게 오랫동안 지속되리라고는 생각도 못했다.

55 성싶다

1-① 밀릴성 싶다   1-② 좋을 성싶다

1-③ 사과를 해도 무리는 아닐 성싶다. 1-④ 비가 내릴 성싶다

1-⑤ 일어날 성싶다   1-⑥ 싸울 성싶다

1-⑦ 닥칠 성싶다   1-⑧ 조합은 없을 성싶다

1-⑨ 도착할 수 있을성 싶다

56 셈치고

1-① 그 돈이 다른 사람 것인 셈치고 1-② 없는 사람인 셈치고

1-③ 받을 셈치고   1-④ 속는 셈치고

1-⑤ 받은 셈치고

2-① 잃어버린 셈치고   2-② 속는 셈치고 한 번만 더 만나려고 해.

2-③ 공부하는 셈치려고 그래.   2-④ 운동하는 셈치고 날마다 걸어서 다녀.

2-⑤ 경험을 쌓는 셈치고 계속하는 거야.

57 아/어/여 내다

1-① 잡아냈다.

1-② 받아 냈다

1-③ 개발해 냈다.

1-④ 참아 냈고

1-⑤ 키워 냈다.

1-⑥ 견뎌 내면

1-⑦ 견뎌 낼 수 있는

1-⑧ 어려움을 이겨 내고

1-⑨ 참아 내지 못하면

1-⑩ 지켜 냈다.

1-⑪ 고통을 견뎌 내며

1-⑫ 치욕을 견뎌 내며

1-⑬ 슬픔을 견뎌 내며

1-⑭ 이겨 내야 한다.

1-⑮ 버텨 내며

58 아/어/여 봤자1

1-① 가 봤자

1-② 비싸 봤자 얼마나 비싸겠니?

1-③ 운동을 해 봤자 얼마나 하겠어?

1-④ 더워 봤자

1-⑤ 어려워 봤자 / 어렵겠어?

59 아/어/여 봤자2

1-① 차홍이 부잣집 아들이어 봤자지. 지가 나보다 돈이 많을까?

1-② 유명해 봤자 얼마나 유명하겠어? 난 믿을 수가 없어.

1-③ 예뻐 봤자 얼마나 예쁘겠어? 내가 더 예쁠 것 같은데?

1-④ 외국인이 한국 음식을 잘 만들어 봤자 얼만 잘 만들겠어? 그냥 흉내만 내겠지.

1-⑤ 한국어를 잘해 봤자 얼마나 잘하겠니? 그래 봤자 1년 공부했는데.

60 아/어/여 치우다

1-① 먹어 치웠어

1-② 버려 치웠어

1-③ 팔아 치웠어

1-④ 바꿔 치웠어.

1-⑤ 대충해서 치워 버렸어.

2-① 영수는 옷이 너무 많아서 입지 않는 옷을 중고 사이트에 팔아 치웠다.

2-② 영수는 아르바이트 학생을 해고시켜서 치워 버렸다.

2-③ 영수는 회사를 때려치웠다.

2-④ 영수는 영희에게 화를 내면서 학교를 때려치우라고 했다.

61 안되다

1-① 안돼서   1-② 취업이 안돼서

1-③ 유학 준비가 잘 안돼서   1-④ 비자 연장이 잘 안돼서

1-⑤ 농사가 잘 안될 것 같다.

2-① 안색이 너무 안돼 보인다.

2-② 영수는 딸이 공부만 하는 것 같아서 마음이 참 안됐다.

2-③ 영수의 회사에서 준비를 하고 있던 사업이 코로나로 인해 잘 안됐다.

2-④ 영수는 대학 입시 결과가 생각만큼 안됐다.

2-⑤ 친구들은 영수를 참 안됐다고 생각한다.

62 야

1-① 나야

1-② 차홍이야

1-③ 선생님이야 아무 말씀도 안 하시지. 그냥 내가 마음이 안 좋아서 그래.

1-④ 부모님이야 항상 잘 지내시지.

1-⑤ 부모님이야 나를 믿으시니 늦어도 뭐라고 안 하셔.

1-⑥ 너야 공부를 잘하니까.

1-⑦ 나야 위험할 것이 없어.

1-⑧ 나야 늘 건강하지.

1-⑨ 음식이야 나무랄 데가 없어. 그리고

1-⑩ 김 교수님 수업이야 항상 최고지. 그렇지만 수업 내용이 조금 어려워.

63 어쨌든

1-① 시험 결과는 어쨌든

1-② 싸운 것은 어쨌든

1-③ 어쨌든 월급을 많이 주잖아.

1-④ 어쨌든 잘 주시니까 참고 듣는 것이 어때?

1-⑤ 어쨌든 자기가 할 일을 잘하는데 뭐가 문제입니까?

2-① 술이 건강에 나빠도 어쨌든 오늘은 술을 마시자.

2-② 영수야, 돈이 없어도 어쨌든 밥은 먹어야지. 계속 라면만 먹고 살 수는 없잖아.

2-③ 시험 결과야 어쨌든 학교에 안 오는 것은 말도 안 돼

2-④ 날씨가 아무리 추워도 어쨌든 밖에 나가서 운동을 하자

2-⑤ 시험 결과가 나빠도 어쨌든 열심히 공부를 해야 해.

2-⑥ 회사 생활이 힘들고 어려워도 어쨌든 일을 해야지. 놀면서 살 수는 없잖아.

2-⑦ 꽃놀이에 가고는 싶지만 어쨌든 곧 시험이 있잖아. 나는 수업을 들을 거야.

64 어찌나 - 지

1-① 어찌나 공부를 열심히 하는지   1-② 어찌나 잘하는지(부르는지)

1-③ 어찌나 고픈지   1-④ 어찌나 유명한 식당인지

1-⑤ 어찌나 어려웠는지

2-① 어찌나 더운지 밖에 나가서 걷는 것도 너무 힘들어.

2-② 어, 어찌나 눈이 많이 내렸는지 사람들이 밖에 나가지도 못했어.

2-③ 어, 어찌나 빠른지 내 컴퓨터보다 빠른 것 같다.

2-④ 어찌나 아팠는지 회사도 못 가고 집에서 누워만 있었어.

2-⑤ 어찌나 매운지 입이 아파서 못 먹어요.

65 에 비추어

1-① 영수의 행동에 비추어 보면   1-② 영수의 태도가 바뀐 것에 비추어 보면

1-③ 한국인들의 특징에 비추면　　　　1-④ 전문적인 소견에 비추면

1-⑤ 의견에 비추어 보면

2-① 작품 스타일에 비추어 보면

2-② 선행 연구에 비추어 보면

2-③ 행동에 비추어 보면

2-④ 지금까지의 모습에 비추어 예상하면 세대 갈등은 새로운 형태로 계속 지속될 가능
성이 높습니다.

2-⑤ 관련 연구에 비추어 보면 환자들의 질병 원인은

66 에 찌들다

1-① 일에 찌들어 살고 있다.　　　　1-② 과제에 찌들어서

1-③ 가난에 찌들어서　　　　　　　1-④ 불신에 찌들어 있다.

1-⑤ 담배 냄새에 찌들어

2-① 영수는 요즘 술에 찌들어 살고 있다.

2-② 영수는 인간관계에 찌들어 살고 있다.

2-③ 영수는 요즘 먼지에 찌들어 살고 있다

2-④ 영수는 스트레스에 찌들어 살고 있다.

2-⑤ 영수는 요즘 가난에 찌들어 살고 있다.

67 에다가 - 까지

1-① 노래 / 춤　　　　　　　　　　1-② 키 / 외모

1-③ 음식 / 서비스　　　　　　　　1-④ 성능 / 가격

1-⑤ 한국 음식 / 중국 음식　　　　1-⑥ 연기력 / 음악

1-⑦ 방 / 하숙집 아주머니　　　　1-⑧ 수업과 관련된 질문 / 관계가 없는 질문

1-⑨ 월급 / 복지　　　　　　　　　1-⑩ 분위기 / 커피 맛

1-⑪ 성능 / 가격 너무 완벽해요.　　1-⑫ 흥미 / 내용 / 모든 것이 훌륭해요.

1-⑬ 주변 사람 / 교통 / 부족한 것이 없어요.

1-⑭ 물건 / 인심 / 모든 것이 좋기   1-⑮ 어른 / 아이

68 여간 - 지 않다

1-① 똑똑하지 않다   1-② 덥지 않다

1-③ 사람들이 많지 않다   1-④ 힘들지 않다

1-⑤ 친절하지 않다

2-① 똑똑하지 않아   2-② 친절하지 않아

2-③ 힘들지 않았어   2-④ 나쁘지 않아

2-⑤ 예쁘고 편안하지 않아

69 여지가 있다

1-① 조율할 여지가 있다.   1-② 심사숙고의 여지가 있다.

1-③ 재고해야 할 여지가 있다.   1-④ 의심할 여지가 있다.

1-⑤ 성장할 수 있는 여지가 있다.

70 여지가 없다

1-① 공유할 여지가 없다.   1-② 고민할 여지가 없다.

1-③ 재고할 여지가 없이   1-④ 의심할 여지가 없이

1-⑤ 재고할 여지가 없이

2-① 영수와 헤어지는 것은 재고의 여지가 없어요.

2-② F를 준 결과는 재고의 여지가 없습니다.

2-③ 영수가 표절을 했다는 것은 의심할 여지가 없다.

2-④ 영수의 실력에 대해서는 부정할 여지가 없다.

2-⑤ 그 요리사의 실력에 대해서는 누구도 의심할 여지가 없다.

3-① 결정을 바꿀 여지는 없어

3-② 시험을 보게 할 여지가 있습니다.

3-③ 범인이라는 사실은 의심할 여지가 없어

3-④ 여지가 있습니다.

3-⑤ 여지가 남아 있다고 생각합니다.

71 오죽하면

1-① 오죽하면 음식을 잘 먹는 영수가 음식을 남겼을까

1-② 회사 일이 오죽 힘들었으면 영수가 울었을까/ 오죽했으면 힘들다고 말할까.

1-③ 그 어린 학생이 오죽 배가 고팠으면 다른 사람의 물건을 훔쳤을까.

1-④ 오죽 힘들었으면 술을 안 마시던 영수가 술을 마실까.

1-⑤ 오죽 매웠으면 병원에 갔을까

2-① 아팠으면   2-② 오죽 힘들었으면

2-③ 바빴으면   2-④ 오죽 좋았으면

2-⑤ 오죽했으면 / 오죽 나쁜 행동을 했으면

72 웬만하면

1-① 웬만한   1-② 웬만한 거리에 있다

1-③ 웬만하게/ 웬만큼   1-④ 웬만하다

1-⑤ 웬만한 대화는

2-① 웬만한 한국 사람만큼 하기

2-② 웬만하면 다른 수업을 듣는 것이 좋아.

2-③ 웬만하면 친해지는 것이 쉽지 않아.

2-④ 그 수업을 듣지 마.

2-⑤ 웬만하면 그냥 다녀/ 내가 웬만해야 참지

73 으니만큼

1-① 크니만큼   1-② 노력하니만큼

1-③ 노력하느니만큼　　　　　　1-④ 문제이니만큼

1-⑤ 참석하시니만큼

2-① 장기화가 되고 있으니만큼　　2-② 지속되고 있으니만큼

2-③ 뜨거운 관심을 보이고 있으니　2-④ 올림픽 참가는 처음이니만큼

2-⑤ 치료제니만큼

74 으니/니 어쩌니 해도

1-① 나쁘니 어쩌니 해도　　　　　1-② 비싸니 싸니

1-③ 어렵니 쉽니 어쩌니 해도　　　1-④ 좋으니 똑똑하니 해도

1-⑤ 살기가 좋으니 어쩌니 해도

2-① 집값이 내렸니 싸졌니 해도

2-② 명문 대학교니 어쩌니 해도

2-③ 운동이 중요하니 어쩌니 해도

2-④ 우리 회사가 돈을 많이 주니 어쩌니 해도

2-⑤ 돈이 많이 드니 힘이 드니 해도

75 으려고 들다

1-① 우리 딸은 요즘 집에만 오면 놀거나 잠만 자려고 들어요.

1-② 영수는 요즘 밤에 계속 무엇인가를 먹으려고 들어요.

1-③ 영수가 요즘 사람을 때리려고 들어요.

1-④ 우리 아들은 요즘 고기만 먹으려고 들어요.

1-⑤ 영수는 술만 마시면 울려고 들어요.

1-⑥ 내 남자친구는 요즘 자꾸 사생활을 간섭하려고 들어요.

1-⑦ 우리 사장이 자꾸 시급을 깎으려고 들어요.

1-⑧ 어제 어떤 술에 취한 사람이 옆집에 들어가려고 들어서 경찰을 불렀다고 해요.

1-⑨ 우리 딸은 요즘 아침을 안 먹으려고 들어요.

1-⑩ 부장이 자꾸 개인적인 일을 나에게 시키려고 들어요.

76 으려야/려야

1-① 먹으려야 먹을 수가 없다.   1-② 가려가 갈 수가 없다.

1-③ 참으려야 참을 수가 없다.   1-④ 잊으려야 잊을 수가 없다.

1-⑤ 끊으려야 끊을 수가 없다.   1-⑥ 하려야 할 수가 없다.

1-⑦ 사려야 할 수가 없다.

2-① 어, 그 사람에게 속은 것이 한두 번이 아니기 때문에 그 사람을 믿으려야 믿을 수가 없어.

2-② 먹으려야 먹을 수가 없다.

2-③ 헤어지려야 헤어질 수가 없어.

2-④ 구하려야 구할 수가 없어

2-⑤ 책을 읽으려야 읽을 수가 없다.

77 으련만/련만

1-① 하련만   1-② 그냥 지나갔으련만

1-③ 합격했으련만   1-④ 빌려주련만

1-⑤ 지켰으련만

2-① 문제가 쉬워서 공부를 했으면 합격했으련만 이번에도 합격을 하지 못했어.

2-② 그 사람이 잘못을 인정하고 사과를 했으면 용서를 했으련만 끝까지 잘못을 인정하지 않아서 고소를 하려고 해.

2-③ 돈이 있으면 빌려주련만 돈이 없어서 빌려줄 수가 없다.

2-④ 건강검진이 아니면 같이 먹으련만 건강검진 때문에 먹을 수가 없다.

2-⑤ 시간이 오래 걸리지 않으면 바꾸련만 시간이 오래 걸려서 그냥 사용하려고 해.

78 으로/로 말미암아

1-① 전쟁으로 말미암아   1-② 홍수로 말미암아

1-③ 가뭄으로 말미암아   1-④ 의료사고로 말미암아

1- ⑤ 기상이변으로 말미암아

2- ① 불륜으로 말미암아　　　　2- ② 세계 경제의 불황으로 말미암아

2- ③ 출산율의 지하로 말미암아　　2- ④ 지역 이기주의로 말미암아

2- ⑤ 지속적인 전쟁으로 말미암아

79 으면/면 그만이다.

1- ① 키만 크면 그만인 것 같아　　1- ② 자라면 그만이야

1- ③ 먹으면 아주 그만이야　　　　1- ④ 보내면 그만이야

1- ⑤ 믿어주면 그만이야

2- ① 교수님에게 보내기만 하면 그만이야

2- ② 챙겨서 가방에 넣기만 하면 그만이야

2- ③ 꺼내서 먹으면 아주 그만이야.

2- ④ 시험을 보는 일은 없어. 이번만 더 보면 시험은 정말 그만이야.

2- ⑤ 놓고 구워서 먹으면 아주 그만이야.

80 으면/면 몰라도

1- ① 있으면 몰라도　　　　　　1- ② 열심히 했으면 몰라도

1- ③ 남자친구면 몰라도　　　　1- ④ 개발되면 몰라도

1- ⑤ 사과를 하면 몰라도

2- ① 쉽게 출제가 되면 몰라도

2- ② 한 푼도 안 쓰면 몰라도

2- ③ 급증하면 몰라도

2- ④ 한국에서 전쟁이 일어나면 몰라도

2- ⑤ 가해자가 죽으면 몰라도

81 은/ㄴ 나머지

1-① 놀란 나머지

1-② 너무 기쁜 나머지

1-③ 추운 나머지

1-④ 반가운 나머지

1-⑤ 사고 싶은 나머지

2-① 영수는 비난을 견디지 못한 나머지 회사를 그만두고 말았다.

2-② 미선이의 사고 소식을 듣고 너무 놀란 나머지 자리에 주저앉았다.

2-③ 올 여름은 너무 더운 나머지 일부 초등학교에서는 휴교를 실시했다.

2-④ 그 가수의 콘서트를 보기 위해 많은 인파가 몰린 나머지 교통이 한 시간가량 마비가 되었다.

2-⑤ 자동차의 인기가 너무 많은 나머지 지금 계약을 해도 1년을 기다려야 한다.

82 은들

1-① 우리 아버지가 돈이 많은들

1-② 잘생긴들

1-③ 백화점에서 세일을 한들 / 가서 무엇을 하겠니

1-④ 지금부터 시험 공부를 한들

1-⑤ 노래를 잘 부른들 가수도 아닌데 내가 무엇을 하겠니.

1-⑥ 사과를 한들 뭐하겠어.

1-⑦ 알코올 함량을 낮춘들 얼마나 건강에 좋겠어?

1-⑧ 운동을 한들 많이 먹으면 소용이 없어.

1-⑨ 일찍 졸업을 한들 취업이 안 되면 아무 소용이 없는데.

83 은/ㄴ 바

1-① 징그린 비

1-② 조사한 바

1-③ 논의한 바

1-④ 연구를 참고한 바

1-⑤ 토론을 한 바

1-⑥ 설문조사를 한 바

1-⑦ 여론 조사를 실시한 바   1-⑧ 수사한 바

1-⑨ 의뢰한 바   1-⑩ 의견(여론)을 수렴한 바

84 은 이상

1-① 아이를 낳은 이상

1-② 취직을 하기로 마음을 먹은 이상

1-③ 유학을 온 이상

1-④ 사장님께서 참석을 하시는 이상 모든 직원들도 꼭 참석하셔야 합니다.

1-⑤ 내가 모든 사실을 알게 된 이상 차홍을 용서할 수는 없어.

2-① 회사를 그만두고 사업을 시작한 이상 포기하지 않을 것이다.

2-② 헤어지기로 마음을 먹은 이상 빨리 말을 하려고 해.

2-③ 술을 끊기로 작정을 한 이상 친구들과 만나는 일도 줄이려고 한다.

2-④ 제가 사장인 이상 인권침해에 대한 문제는 절대 용서하지 않을 것입니다.

2-⑤ 내가 외도 현장을 목격한 이상 차홍에게 이 사실을 말하려고 해.

85 은 채

1-① 쓴 채   1-② 입은 채

1-③ 켜둔 채   1-④ 열어둔 채

1-⑤ 신지 않은 채   1-⑥ 인사도 하지 않은 채

1-⑦ 화면이 깨진 채   1-⑧ 받지도 않은 채

1-⑨ 젖은 채   1-⑩ 된 채

1-⑪ 지우지 않은 채   1-⑫ 켜둔 채

1-⑬ 잠근 채

86 을까 보다

1-① 우리가 먼저 출발을 할까 봐   1-② 먼저 먹을까 봐

1-③ 벚꽃 구경이나 할까 봐   1-④ 운동이나 할까 봐

1-⑤ 그냥 잠이나 잘까 봐   1-⑥ 영화나 볼까 봐

1-⑦ 고향에 다녀올까 봐   1-⑧ 운동이나 하러 갈까 봐

1-⑨ 여행이나 다녀올까 봐

87 을까 말까

1-① 먹을까 말까 고민하고 있어요.

1-② 갈까 말까 생각하는 중이에요.

1-③ 알릴까 말까 생각하고 있어요.

1-④ 할까 말까 고민하고 있어요.

1-⑤ 갈까 가지 말까 생각 중이에요.

2-① 글쎄, 날씨가 나빠서 등산을 갈까 말까 고민하고 있는 중이야.

2-② 아르바이트를 할까 말까 아직 결정하지 못했어요.

2-③ 그만둘까 말까 너무 고민이 돼.

2-④ 이사를 갈까 말까 결정하지 못했어.

2-⑤ 반 모임에 갈까 말까 고민하고 있어.

88 을 때도 있었어요.

1-① 날씬했을 때도 있었어요.

1-② 키가 작았을 때도 있었어요.

1-③ 가난해서 밥도 제대로 못 먹을 때도 있었어요.

1-④ 한국어를 전혀 못했을 때도 있었어요.

1-⑤ 예전에는 아주 비쌌을 때도 있었어요.

2-① 아니, 나도 한국말을 전혀 못했을 때도 있었어.

2-② 정말 싫어할 때도 있었어.

2-③ 유학을 포기하고 싶을 때도 있었어.

2-④ 그만두고 싶었을 때도 있었어.

2-⑤ 돈이 없어서 밥 먹는 것조차 힘들 때도 있었어.

89 을락 말락

1-① 영화를 보면서 울락 말락 하고 있다.

1-② 쓰러질락 말락 한다.

1-③ 할락 말락 하다가 갑자기

1-④ 나갈락 말락

1-⑤ 할락 말락 하는

1-⑥ 출발할락 말락 하는

1-⑦ 들락 말락

1-⑧ 비가 올락 말락

1-⑨ 닿을락 말락 한다.

1-⑩ 넘을락 말락 한다.

90 을/를 무릅쓰고

1-① 죽음을 무릅쓰고   1-② 수많은 국민의 비난을 무릅쓰고

1-③ 위험을 무릅쓰고   1-④ 반대를 무릅쓰고

1-⑤ 위험을 무릅쓰고   1-⑥ 슬픔을 무릅쓰고

1-⑦ 부끄러움을 무릅쓰고   1-⑧ 실패를 무릅쓰고

1-⑨ 죽음을 무릅쓰고   1-⑩ 손해를 무릅쓰고

91 을/를 바에야

1-① 자동차를 살 바에야

1-② 결혼을 할 바에야

1-③ 비행기를 탈 바에야

1-④ 욕을 먹으면서 아르바이트를 할 바에야

1- ⑤ 자존심을 버리고 일을 할 바에야

2- ① 의대에 갈 바에야 고등학교를 졸업하고 바로 취직을 할 거야.

2- ② 영수와 살 바에야 혼자 사는 것이 더 나아.

2- ③ 다이어트 때문에 건강이 나빠질 바에야 다이어트를 안 하는 것이 더 낫겠다.

2- ④ 스트레스를 받으면서 공부를 할 바에야 그만두는 것이 훨씬 낫겠다.

2- ⑤ 라면을 식당에서 사 먹을 바에야 마트에서 사서 끓여 먹는 것이 더 낫다.

92 법하다

1- ① 올 법한데   1- ② 취업을 할 법도 한데

1- ③ 나을 법한데   1- ④ 익숙해질 법도 한데

1- ⑤ 농구를 잘할 법도 한데

2- ① 이제는 잊을 법도 한데

2- ② 얼굴만 봐도 알 수 있을 법한데

2- ③ 사귄지 10년쯤 됐으면 결혼 생각을 할 법도 한데

2- ④ 살이 빠질 법도 한데

2- ⑤ 힘들 법도 한데

93 을 뿐더러

1- ① 맛있을 뿐더러   1- ② 뛰어날 뿐더러

1- ③ 예쁠 뿐더러   1- ④ 어려울 뿐더러

1- ⑤ 힘들 뿐더러

2- ① 안전했을 뿐더러   2- ② 악영향을 미칠 뿐더러

2- ③ 건강에 나쁜 영향을 줄 뿐더러   2- ④ 빠르고 튼튼할 뿐더러

2- ⑤ 향상시켜줄 뿐더러

94 을 지언정

1-① 그만둘 지언정   1-② 죽을 지언정

1-③ 헤어질 지언정   1-④ 유급을 할 지언정

1-⑤ 당할지 언정

2-① 술이 건강에 나쁜 점이 많을 지언정 저에게는 장점이 많기 때문에 술을 끊을 생각
　　 이 없어요.

2-② 제가 고발을 당할 지언정 취재를 절대로 멈추지 않겠어요.

2-③ 수술을 받다가 죽을 지언정 끝까지 최선을 다 하고 싶습니다.

2-④ 성적이 나쁠 지언정 한 아이의 아빠로서 부끄럽지 않고 싶습니다.

2-⑤ 내가 고소를 당해서 회사를 그만둘 지언정 사람들의 잘못을 분명히 세상에 알리고
　　 싶기 때문에 고소를 취소할 생각이 없습니다.

2-⑥ 미선이가 먼저 사과를 할 지언정 저는 지금 미선이를 만날 생각이 전혀 없어요.

2-⑦ 큰 돈을 벌 수 있을 지언정 회사 동료들을 배신할 수 없습니다.

95 을 테지만

1-① 힘들 테지만   1-② 피곤할 테지만

1-③ 나쁠 테지만   1-④ 힘들 테지만

1-⑤ 아플 테지만

2-① 시험 공부 때문에 힘들 테지만 오늘 수업은 집중해서 들어야 합니다.

2-② 여자친구 때문에 힘들 테지만 회사에서 자꾸 그렇게 행동하면 안 됩니다.

2-④ 수능이 끝나서 놀고 싶을 테지만 면접 시험, 논술 시험도 있기 때문에 마냥 놀 수
　　 만은 없어.

2-④ 마스크를 쓰고 수업을 하는 것은 힘들 테지만 모두에게 도움이 되기 때문에 꼭 마
　　 스크를 착용해 주세요.

2-⑤ 지구 온난화의 위험을 모두 알고 있을 테지만 실제 사실보다 더 위험한 연구 내용
　　 을 알리고 싶습니다.

96 을 토대로

1-① 배운 내용을 토대로 1-② 토대로 하여

1-③ 연구를 토대로 1-④ 설문조사를 토대로 하여

1-⑤ 증거를 토대로

97 음, 기 (전성어미)

1-① 많음 / 적음은 1-② 적음

1-③ 않음 1-④ 아님

1-⑤ 오기

2-① 학교에 늦지 말고 일찍 가기

2-② 늦으면 회사에 꼭 연락을 해야 함.

2-③ 나는 오늘 술을 마시기 싫음.

2-④ 친구들과 싸우지 말기

2-⑤ 술을 마시면 절대 운전하면 안 됨.

2-⑥ 내일 꼭 일찍 일어나기. 또 지각하면 안 됨.

2-⑦ 나는 영수가 너무 싫음. 이 사실은 영수에게 비밀임

2-⑧ 먹기가 힘듦.

2-⑨ 너무 비쌈. 사지 말기.

2-⑩ 늦으면 안 됨. 늦으면 꼭 연락하기.

98 자면

1-① 사자면 1-② 회복하자면

1-③ 학교를 그만두자면 1-④ 정리하자면

1-⑤ 이야기하지면

2-① 취직을 하자면

2-② 한국 문화에 적응을 하자면

2-③ 그 식당에서 크리스마스에 밥을 먹자면

2-④ 살을 빼고 건강을 유지하자면

2-⑤ 요약하자면 한국 문화의 특징과 그 장단점이라고 할 수 있습니다.

99 적이다

1-① 환상적이다　　　　　1-② 효율적이다

1-③ 효과적인　　　　　　1-④ 회의적인

1-⑤ 지속적　　　　　　　1-⑥ 근본적으로

1-⑦ 부정적인 / 대립적인　1-⑧ 이기적인

1-⑨ 개방적인　　　　　　1-⑩ 창의적인

1-⑪ 보수적인　　　　　　1-⑫ 국가적인

100 차에

1-① 전화를 하려던 차에　　1-② 식당에 가려던 차에

1-③ 공부를 하려던 차에　　1-④ 운동을 하려던 차에

1-⑤ 비자 연장을 해야 하던 차에

2-① 영수는 대학교 합격 때문에 걱정을 하던 차에 합격 전화를 받았다.

2-② 영수는 공부를 하려던 차에 엄마가 잔소리를 해서 기분이 상했다.

2-③ 영수는 저녁을 준비하는 것이 귀찮던 차에 미선이의 전화가 왔다.

2-④ 영수는 고향으로 돌아간 미선이의 안부가 궁금하던 차에 차홍을 통해서 미선이의
　　　안부를 들을 수 있었다.

2-⑤ 영수는 아르바이트를 그만둬서 돈이 부족하던 차에 차홍이 영수에게 새로운 일자
　　　리를 제안했다.

유튜브로 공부하는 한국어 고급표현

초판발행	2023년 5월 20일
지은이	김광순
펴낸이	안종만·안상준
편 집	전채린
기획/마케팅	박부하
표지디자인	이영경
제 작	고철민·조영환
펴낸곳	(주)**박영사**
	서울특별시 금천구 가산디지털2로 53, 210호(가산동, 한라시그마밸리)
	등록 1959. 3. 11. 제300-1959-1호(倫)
전 화	02)733-6771
f a x	02)736-4818
e-mail	pys@pybook.co.kr
homepage	www.pybook.co.kr
ISBN	979-11-303-1771-7 93710

* 파본은 구입하신 곳에서 교환해 드립니다. 본서의 무단복제행위를 금합니다.

정 가   18,000원